小中学生が通う・現代版

松下村塾のつくりかた

次世代教育プランナー
田中正徳

海鳥社

「人は自ら学ぶ。」

デジタル化でみえてきた、本当の学ばせ方。

吉田松陰が実践した「やる気を引き出す」教育を、デジタル教育で蘇らせた「ショウイン式学習法」。全国140カ所超で実践される教育法を開発者が明かす!

「志」をいただいた吉田松陰先生に感謝し本書を捧ぐ。

全国各地で次々に開校する「ショウイン式」学習塾。
鹿児島松陰塾吉野校外観

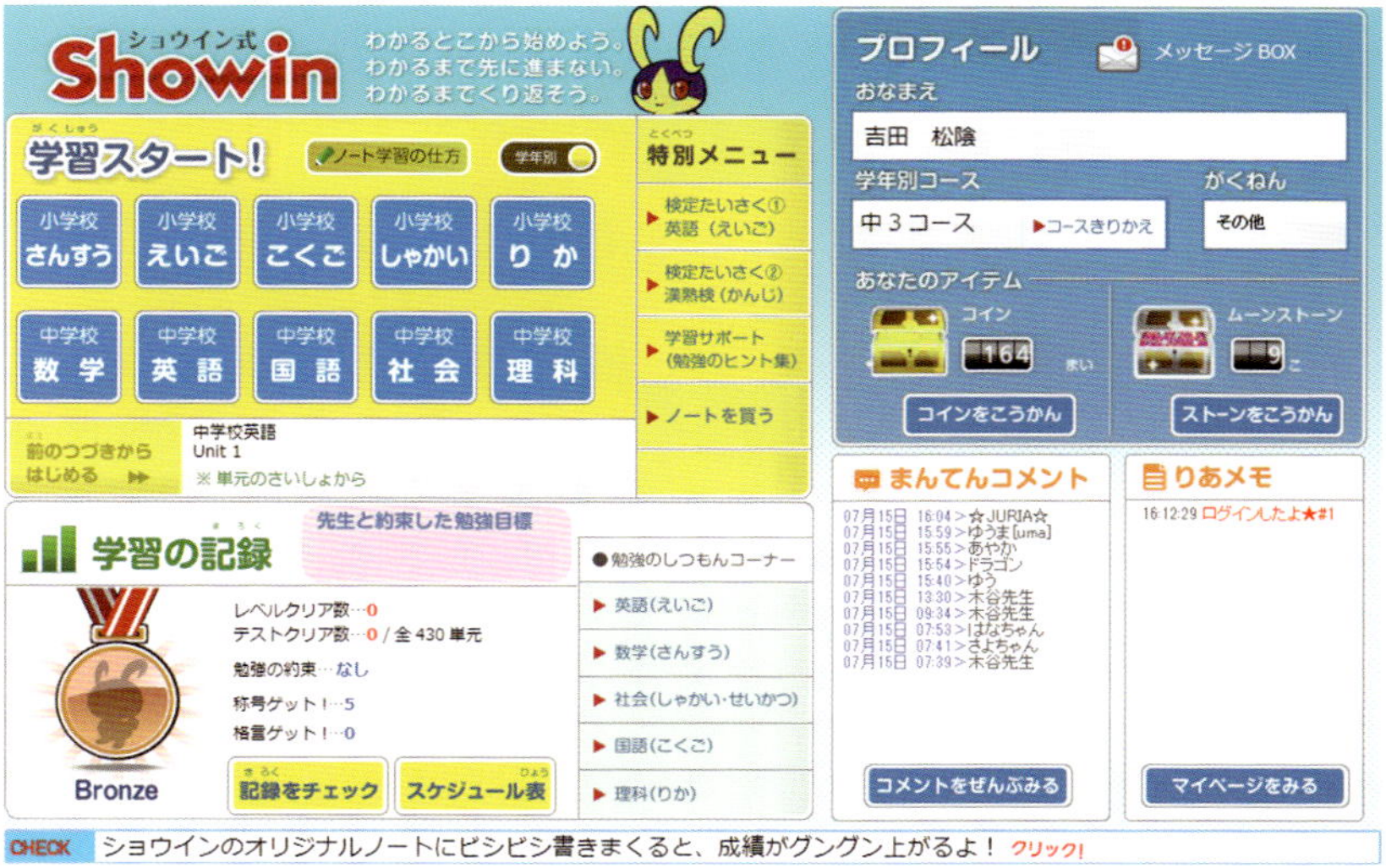

学習スタートの画面。自分で決めた目標やスケジュール
などもすぐに見ることができる

START GUIDE
保存版
ショウイン式スタートガイドブック
2013年映画『おしん』の主役、濱田ここねちゃんもショウイン式で学んでいます（第37回日本アカデミー賞新人俳優賞などの映画各賞を受賞）。

「ショウイン式のスタートガイドブック」。2013年映画「おしん」の主役・濱田ここねちゃんが表紙に登場

はじめに　今、なぜ「松下村塾」を目指すのか

江戸時代末期、長州藩萩城下の松本村（現・山口県萩市）に、ポツンと身を構えた木造平屋建ての私塾がありました。「松下村塾」の看板が掲げられたこの小さな部屋で塾生を指導した吉田松陰（一八三〇〜一八五九年）。わずか二年ほどの短い期間でしたが、情熱をぶつけ至誠を貫いた彼の教育は門下生の魂を揺り動かし、高杉晋作や伊藤博文など、幕末から明治時代にかけて活躍する青年を育てました。名簿が残っていないため正確な人数はわかりませんが、およそ百人がこの塾で学んだといわれています。

徳川幕府に開港を迫って下田沖に停泊していたアメリカ合衆国東インド艦隊司令長官・ペリーの軍艦に乗り込み、密航を企てた罪で長州・萩で牢に入っていた

松陰が出獄した後、生家の杉家で蟄居《ちっきょ》しながら親類相手の講義を始めたことが松陰による松下村塾開講の出発点でした。やがてその講義が評判を呼び、聴講の希望者が増えたことで塾としての体裁をなすようになったものです。

松陰は萩という小さな城下町から世の中を動かす人材を輩出することを目指していたため、松下村塾は政治結社的な性質も帯びていましたが、そこでなされた教育の在り方は今でも大きなヒントを私たちに与えてくれます。

例えば松陰の言葉には、

「人賢愚《けんぐ》ありと雖《いえど》も、各々一二の才能なきはなし、湊合《そうごう》して大成する時は必ず全備する所あらん」

というものがあります。

「人にはそれぞれ能力に違いはあるけれども、誰でも一つや二つの長所を持っているものであり、その長所を伸ばしていけば、必ず立派な人になれるであろう」

という意味です。

松陰はこの方針に基づき、塾生たちの長所を伸ばしていく方法として、現代流にいえば「コーチング指導」を行っていました。コーチング指導とは強制的に知識や情報を与えるものではなく、相手をじっくり観察し、その長所を認めて自信を与え、相手の中にある「やる気」を引き出す指導法です。この指導によって塾生たちはそれぞれの才能を存分に発揮し、徳川幕府打倒の志士として、また明治新政府の要人として、近代日本の礎を築いていくのです。

学問をする目的も塾生たちにしっかりと認識させました。いわく、「学は人たる所以《ゆえん》を学ぶなり」。一人の人間としてどう生き、人のためにどう役立つかを学ぶことが、学問をする目的である、と。

「ショウイン式学習法」は、吉田松陰が目指したこうした教育の理念を、二十一世紀に生きる子供たちに伝えるべく開発されました。かつての松下村塾のように、学び手の自主性を尊重し、自分で考える力を養う塾が日本各地に増えれば、どんなに素晴らしいことでしょう。

現在の学習塾は個別学習をうたっているものが多くありますが、現実的な問題として「ヒト」(専門知識を持った先生)、「ブランド」(知名度・信用)、「カネ」が不可欠です。そのためかならずしも個別学習制度が実現しているとはいえない状況もあり、塾経営者の頭を悩ませています。しかし、コンピュータやインターネットをうまく活用すれば、これらの問題を解決しつつ、もっと時代にフィットした塾経営や教育ができると私たちは考えています。

この本では、吉田松陰の教育理念を現代の教育に置き換え、それをどう取り入れていけばよいのか、そのヒントを「ショウイン式学習法」のノウハウを交えながら紹介しています。一人でも多くの子供たちが学習をする意味と意義を理解し、社会における自分の役割を認識し、それぞれの分野で活躍することを願ってやみません。

二〇一五年八月十八日

次世代教育プランナー　田中正徳

小中学生が通う・現代版　松下村塾のつくりかた◉目次

第一章　松下村塾の教育理念

絹本着色吉田松陰像（部分）
（山口県文書館蔵）

松下村塾とはどんな塾だったのか

江戸時代末期、長州藩萩城下の松本村で吉田松陰が主宰した「松下村塾」。この小さな私塾から「奇兵隊」の創設者として知られる高杉晋作や、尊王攘夷運動で大きな役割を果たした久坂玄端《くさかげんずい》、明治新政府で総理大臣を務めた伊藤博文、日本陸軍の基礎を築いた陸軍大将・山県有朋《やまがたありとも》など、そうそうたるメンバーが巣立っていきました。

周囲わずか二、三キロ内から集まった塾生たちが明治維新で活躍し、文字通り日本を変えました。限られた地域からこれだけの人材が輩出されることは、確率的にはありえないことです。これらの人材を輩出した松下村塾では、どのような教育がなされていたのでしょうか。まずは、その成り立ちから見ていきたいと思います。

松下村塾の指導者・吉田松陰を語る時、まずはその原点ともいえる「野山獄」のことに触れておかなければなりません。

安政元（一八五四）年、二度目の「黒船来航」で日米和親条約を結んだアメリカ提督・ペリーを乗せた軍艦は三月、下田沖に停泊していました。当時、二十五歳の若き吉田松陰は、激動し始めた国内にあって世界の情勢を自らの眼で見る必要があるとして、この軍艦に乗り込んでアメリカに渡ろうと企てました。当然、当時の幕府は、鎖国政策をとっていますので、密航ということになります。しかしこの企ては失敗に終わり（下田踏海事件）、同年十月には長州・萩の牢獄（野山獄）に投げ込まれました。

獄に入った松陰はやがて囚人たちの求めに応じる形で、それまでの全国行脚や学問によって得た知識をもとに当時の国内情勢について話をする機会が増えていきます。また諸外国の歴史や国際情勢のほか、日本としてどのように対応すべきかについても語りました。

注目すべきはこの頃から、松陰が一方的に話をするのではなく、囚人との問答の形で話を進めていることです。また自分が語るだけではなく、囚人のうち俳諧や書に通じた人物に、句会や書道の勉強会を開くことを提案したのです。一方的な知識の押しつけなどは一切せず、いかに相手が興味を持って楽しみながら学ぶことができるかに心を砕いていたかがわかります。

松陰は野山獄に送られるまでは江戸の伝馬町で獄に入っていましたが、ここでも同じように牢内の囚人相手に講義をしていたといいます。もともと松陰は、六歳で長州藩軍学師範の吉田家を継ぎ、十一歳の時から藩主に講義をするなど博学であったこともありますが、「先生」としての素養の高さがうかがわれます。

もちろん、松陰自身も勉強家であり、出獄までの一年余りの間に読んだ本の数

松陰神社（山口県萩市）に残る松下村塾の学舎

は五〇〇冊を超えています。また出獄後も三年間で約千五百冊を読んでいるほか、四十五編にのぼる著述を完成させています。

松陰・松下村塾のスタート

松陰が出獄したのは安政二年十二月のことです。萩城下の郊外にあった松本村の実家・杉家に戻った松陰でしたが、あくまで仮釈放の身。家族以外との面会も禁じられていました。

松陰の身を案じた家族は気分転換にも

なるのではないかと、松陰に、家族や親戚に講義をしてほしいと頼みました。これを快諾した松陰による父、兄、外叔を相手にした講義は出獄の翌々日には早くもスタートしたのです。

途中、三カ月ほどの中断はありましたが、次第に近所の若者も集まるようになってきました。また、三月には父方の従弟である高洲滝之允に『日本外史』を講ずるなど、個人レッスンも行うようになってきました。この個人レッスンが次第に増えていく過程が、松陰による松下村塾の登場につながっていくことになります。

単なる言葉や内容の説明にとどまらず、自らの意見を加えながらの講義は「面白く、ためになる」と好評で、その評判は松本村へ広がっていきました。その噂はさらに萩城下、藩内へと広がっていくのです。

八月からは『武教小学』という武士道の教科書といわれる本の講義を始めましたが、この頃になると近所に住んでいた藩士も講義を聞きにくるようになってきました。

松陰の教育理念

『武教小学』を講じ始め、聴講者が少しずつ増え始めた安政三年九月、松陰は『松下村塾の記』を記しました。有名な「学は人たる所以を学ぶなり」の言葉も、ここで述べられています。

この『松下村塾の記』は、松陰が目指す教育理念が散りばめられており、その理念は例えば次のような言葉に代表されます。

村内の子弟教育にあたるその理念は、「華夷の弁」をあきらかにすることであり、奇傑の人物は、必ずここから輩出すると信じている。

彼等が毛利の伝統的価値を発揮することに貢献し、西端の僻地たる長門国が天下を奮発震動させる根拠地となる日を、期して待つべきである。

「華夷の弁」の「華」とは中心地の意味、「夷」とは辺境の地を指しますが、自分の生まれた土地に劣等感を抱く必要はなく、その場所で励めばそこが「華」である、つまり松本村という辺境の地にいることに劣等感を抱くことなく、そこを中心地と考え、腰を据えて努力する心構えの大切さを説いています。

また、松下村塾の教育が松本村の風教を興し、それが萩城下から全国に広がることで世直しになる、という壮大な理想へとつながっていますが、さしあたりの目標は塾生を中心に「松本邑（村）の善俗を成すこと」にありました。

安政四年が明けると塾に集まる塾生は一日に十三、四人となり、さらに三月になると二十人を超えるようになってきました。夏になる頃には、藩校の明倫館で学んでいた久坂玄端、高杉晋作などが塾に通い始めました。

松下村塾では、「くる者は拒まず」の方針をとり、身分に関係なく学びたいという意思を示せばだれでも入門できました。このため、高杉晋作のような武士の子だけでなく、足軽の子・山県小助（のちの山県有朋）や、中間（士分にはは含まれない軽輩身分）の子・伊藤利助（のちの伊藤博文）など、あらゆる身分の人たちが集まったのです。塾生が増え続けた背景には、このように身分にこだわらず門戸を開放したことも挙げられます。

入塾してからも松陰は身分の上下を問わず、士分や百姓、町人の子弟を平等に扱いました。あらゆる職業の存在理由を認め、それぞれが世の中には必要だと考え、塾生たちにはそれぞれの家業を継ぐことを期待し、そのために役立つ教養を学ばせました。例えば、医学修業の予備として来塾した増野徳民《ましのとくみん》（のち医師・教育者）や富樫文周（のち、医師）らには基礎学力をつけるためのテキストとして漢籍を選ぶ一方、必要に応じて医書を読むこともありました。宗教家を目指す弘中観界《ひろなかかんかい》（幼くして仏門に入り、松下村塾に学ぶ。勤皇思想を持つ僧侶として活躍、明治になると僧侶のかたわら小学生を教える）や許道らにはそれにふさわしい教養を用意したのです。

塾生が知識や教養を得て帰郷し、それぞれの職業を通して地域を活性化させる。

それが松陰の目指す教育方針でした。そのうえで各人が天下国家に熱い想いを持つ人材となることで、国を正しい方向に導いていこうとしたのです。

塾生ごとに異なるテキストを使用

松下村塾の塾生は、藩校の明倫館やその他の塾にも同時に在籍する者も多かったため、必ずしも毎日やってきたわけではありませんでした。個人レッスンの集合体が松下村塾であったことは紹介した通りで、大部分の塾生は希望するテキストを学ぶ期間だけ熱心に往来したのです。

来塾すれば塾生の希望する本に加えて松陰が選んだ書物を読み、同じテキストを使っている塾生が居合せれば一緒に学ぶこともありました。近所に住んでいる塾生は食事時になると家に帰って再び来塾することも多く、話に熱が入ると朝方まで続くことも珍しくなかったのです。

同じ時間に講義を受ける塾生たちは、それぞれが違うテキストを使って勉強をしていることになります。そのため松陰は絶えず読書や書き写しをしている塾生の間を移動しながら個別に指導しました。

テキストは『武教全書』『武教小学』などの兵学書、『孟子』など中国の史書、『大日本史』『日本外史』といった国史、『長井記』『吉田物語』など毛利藩関係の史書などがよく用いられました。また『農学全書』『経済要録』など他塾では見られなかった農学、経済関係の書が使われているのも、実学を重視する松陰ならではといえます。

自由奔放な講義スタイル

講義のスタイルも様々でした。まず、前述のようなテキストを使った講釈（講義）があります。ただし、藩校で行われていたような内容の解説だけではなく、そこに登場する事実や教訓を日常生活などに関連させながら松陰の考えを展開していきました。

「会読《かいどく》」は何人かが集まってテキストを読むことですが、単なる素読ではなく、読みながら意味や内容を考察していくものでした。そのため同じ程度の学力を持つ塾生たちによる協同学習とも言えるものでした。

「講義」や「会読」は複数の受講者がいて成り立つものでしたが、塾生が一人や二人しかいないときは「対読」が行われました。これは一人が読んで他の者が聴き、誤読を直したり、読めない箇所や意味のわからないところを一緒に考えたりする学習法でした。また講義の参加者が、個別に松陰と対読することもありました。松陰が忙しい時は先輩格の塾生が、後輩たちと対読することもあったようです。

塾生がテーマを選んで、あるいは松陰が問題を与えて答案を書かせる「対策」（「策問」）は、今でいうレポートですが、松下村塾では大いに奨励されました。提出された作文は松陰が評し、注釈を加えました。

「会読」や「対読」などは教室の外、例えば畑で草を取ったり、米をついたりしながら行われることもあったようです。中には米つきをしながらテキストを読了した塾生もおり、屋外での講義も頻繁に行われていました。

〝師弟〟ではなく〝同朋〟

希望者は身分を問わず受け入れた松陰でしたが、初対面の者には「何のために学問をするのか」尋ねました。すると多くの場合、「書物が読めないので、勉強してよく読めるようになりたいのです」と答えます。すると松陰は「学者になってはいけない。実行が第一だ」と言いました。「書物などはそのうち自然に読めるようになる。それより実行することを心掛けなさい」と説いたのです。

塾生に対する態度も、独特なものがありました。まず言葉づかいもていねいで、年配者には「あなた」、幼少のものには「おまへ」と呼びかけ、友愛的な師弟関係を目指しました。入門の挨拶にきた馬島春海（のち奇兵隊書記、漢学者）に「教授は能わざるも、君等と共に講究せん」と言ったように、松陰自身は師弟というより、同朋的な関係を望んでいました。

講義は杉家の座敷で行われてきましたが入門者の数が増えたため、庭にあった物置小屋を改造して作った別棟に「松下村塾」の看板を掲げて講義室を移しました。講義室は八畳の広さがありましたが、増え続ける塾生にここもすぐに手狭になったため、増築を行うことにしました。ただ、大工を雇うと費用がかかるため、松陰や塾生たちの手で工事を進めたのです。この時も武士、足軽、中間、商人など身分に関係なく、対等の塾生として作業にあたりました。

十畳半の広さを持つ新たな塾舎は翌年（安政五年）三月に完成、いま松陰神社で見られる建物はこのときのものです。

松下村塾の講義室

全身全霊で塾生に対する

松陰は塾生の資質を見分けるのに長じており、各人の長所を伸ばし、短所を改めるための名や字《あざな》を考えて、与えています。

例えば、吉田栄太郎（稔麿。久坂玄瑞、高杉晋作とともに〝松陰門下の三秀〟の一人、これに入江九一を加えて〝松下村塾四天王〟といわれる。寺田屋事件で討死）には、「秀美」の名と「無逸」の字を与えました。「秀美」は、怠らずに勉学に励めば必ず身を結ぶ、の意味で、「無逸」は正道から外れ勝手気ままに振舞うことを戒めたものです。才気鋭敏でありながら、学問を怠りがちな栄太郎の性格を教戒したものと言われます。

また塾生をほめるときには、徹底して持ち上げました。その一方で、時と場合によっては昂然《こうぜん》と怒りました。吉田栄太郎の紹介でやってきた商家の倅《せがれ》・市之進に何度掃除を言いつけても習字をやめなかったことがありました。市之進は、音三郎や溝三郎とともに一緒に託された不良少年で、当時十四歳の少年です。松陰は黙って市之進に近づくと、紙と筆を奪って庭に投げ捨てました。その後、庭の掃除を終えた市之進を呼ぶと、松陰はこう言って怒りました。

私に反抗することができるのなら、天下のだれにでも反抗しなければならない。もしお前にそれができればほめてやるが、できぬというなら許さない。

うなだれている市之進に、松陰は続けました。

お前は賢い子で、私と一緒に勉強するのに足る者だ。しかし聞けば母に反抗して困らせているというではないか。行いも粗暴で人を尊敬することを知らぬ。そんなことでは、天下の人に反抗することなどできまい。市之進は、志を立てなさい。そして学問に励み、信じる道に進もうとするときは、いかなることにも挫《くじ》けず、しりぞかぬ強い心を養うのだ。そうすれば天下のいかなる者にも反抗できるだろう。

市之進から反抗的な態度は消え、静かにうなずきました。

真心をもって接すればいかなる人でも動かすことができると信じた松陰は、いついかなる時でも全身全霊をあげて塾生にぶつかりました。それは時には徹底した温かな言葉となり、時には激しい怒声になったのです。純粋すぎるほどのこの気質がまた、享年二十九という短い生涯につながったとも言えます。

人は何のために勉強をするのか

ここまで松下村塾の成り立ちと、その特長について簡単に紹介してきました。その中から重要なポイントだけもう一度触れておきたいと思います。

松陰の生家である杉家の庭にあった物置小屋を改造して作ったわずか八畳のスペースが松下村塾の「講義室」でした。塾生が増えたため増築することになった時も大工を雇うと費用がかかるため、古材をもらってきて師弟が協力して工事を行いました。

そのような小さな私塾でしたが、松陰の講義の評判を聞きつけ、あるいは親に勧められて大勢の若者が入塾を請いにやってきました。その際、初対面の若者に彼はこう問いかけています。

「あなたは、何のために学問をするのか？　そのうえで何をなそうとするのか?」

これが、松下村塾の「入塾試験」でした。

何のために勉強するのか。そして学んだことを、どのように生かし、これからの人生をどう生きていくのか。

それを自分で考えさせ、自身の学問の目的をハッキリさせる。そのことを松陰は教育の根幹としていたのです。

そして松陰自身は、学問の目的についてこのように考えていました。

学は人たる所以《ゆえん》を学ぶなり。

「学問とは、人間としてどうあるべきか、どう生きるべきかを学ぶことだ」という意味です。

子供たちから「何のために勉強をするの」と聞かれた経験は、子供を持つ親であれば一度はあると思います。その時に、何と答えていますか。「よい大学に入って、よい会社に入るため」という答えが、昔は一般的だったかもしれません。

しかし、「よい会社に入れば成功なの？」「よい会社ってどんな会社？」という質問に対してはどうでしょうか。答えはいろいろあるでしょうが、先ほど紹介した松陰の言葉ほどしっくりとくる答えはないように思います。それは、学問の本質を突いているからでしょう。

そのため私たちの塾では、子供たちに何のために勉強するのかと聞かれた時は、「人の役に立つ人間になるために判断力や想像力、行動力をつけるため」だと話すようにしています。また聞かれずとも、「ショウイン式学習法」で勉強を始めようとする生徒には、最初にこのことをはっきりと伝えるようにしています。

後ほど詳しく説明しますが「ショウイン式学習法」にはパソコンを使った学習スタイルをとっています。この学習ソフトを初めて起動すると生徒には「人はどうして勉強するか知ってる？　大切なことを学んで人の役に立つためになることなんだよ……」というメッセージを出すようにしています。

松陰自身、そのことを身をもって示しました。脱藩によって士籍家禄を奪われたり、密航を図って投獄されたり、最後は老中・間部詮勝《まなべあきかつ》の暗殺を企てて再び投獄、斬首されるなど、尊王攘夷の思想に基づいたその行動は過激でした。しかし、こうした一連の行動が討幕の機運に火をつけることになり、明治維新につながっていったのです。松陰なりに「人間としてどうあるべきか」「どう生きるべきか」を追求した結果だったといえます。

自分の命を顧みず日本のために行動を起こし、その行動が過激だったがゆえに幕府に目をつけられ死を招いた信念の人。思想や行動の賛否はともかく、彼自身が「人の役に立つために学び、行動した」ことは間違いありません。

「自主性」と「問題意識」を持たせた松下村塾

松下村塾では塾生の自主性を尊重し、問題意識を持たせながら、自分で考える力を身に付けることを理念としていました。厳格な規則もなく、松陰が塾生を教えるというよりはむしろ互いに親しみ、助け合い、尊敬しあい、切磋琢磨するという教育が行われてきたのは紹介した通りです。

そのため松下村塾には教卓がなく、新しく塾にきたものはだれが先生か判別できなかったといわれます。

塾には体系的なカリキュラムもありませんでした。各人の学力と好みに合わせて勉強分野と教科書を選ぶのです。学習方法は五、六人を相手に松陰がテキストを読みながら指導する「講釈」や「輪読」「討論」「看書」のほか、同じ程度の学力を持つ人たちが集まってテキストを読む「会読」、松陰が一人もしくは二人を相手に個人講義をする「対読」、課題を与えて出てきた答えを批評する「対策」、思い思いに読書をして皆の前で所感を述べ塾生の批評を受ける「私業」などがありました。

授業は塾生がやってくると始められ、勉強時間も塾生に委ねられました。一日に何度もやってくる者もいれば、他塾と掛け持ちで通う者もいました。中には勉強に集中して昼夜を忘れ、夜を徹して居続ける者もいました。その日の勉強をやめるのも続けるのも自分の意思次第。究極の自立学習といえるでしょう。

このように松下村塾では、師が塾生に学問を授けるような「受身型」「詰め込み型」の指導は行われていませんでした。塾生の長所を見つけて引き出し、やる気を奮い立たせることで主体性、自主性を伸ばすことに重きを置いていたのです。

何のために学問をするのか、という松陰の問いに対して大抵の者は、

「書物が読めないので、稽古して読めるようになろうと思います」

と答える。松陰はそうした返答に対して、

「学者になってはいけない。人は実行が第一である。書物のようなものは実務を行っていれば、自然に読めるようになるものだ」

と行動に移す大切さを強く説きました。

先入観を捨てた指導も特徴の一つでした。かつて松陰も塾頭を務めた長州藩の藩校・明倫館は士分（正規の武士身分を持つ者）のみを対象にしていましたが、松下村塾では身分や年齢、経歴などは問いませんでした。

入門を希望する者に対して松陰は、

「眼中師弟なし、ただ朋友あり」（私達は師弟ではなく親友である。）
「授業は能わざるも、君と共に考究せん」（教えることはできないが、共に学ぶことはできる。）

という姿勢で接しました。

松陰はほめ上手でもありました。ほめる時は「天下一」「防長（周防と長門、つまり長州藩）随一」などの言葉を使って徹底的に讃《たた》えました。自分で考えさせ、そのうえで出した答えについて「やればできるじゃないか」と自信を与えていたのです。考えて、ほめられ、時には激しく叱られながらも、また考え、そうしながら塾生たちは本人たちですら気づいていない能力を発揮していったのです。

私たちはこうした松下村塾での教育方針を理想とし、これを現代に再現していきたいと強く思っています。

時代にそぐわない現在の学校教育制度

私たちが松下村塾の教育方針を理想とするのは、いまの教育制度では子供たちの力を十分に伸ばしてやれないと考えているからです。

現在の教育制度の成り立ちは、明治時代の「富国強兵」政策までさかのぼります。ペリー提督の黒船来航によって開国した当時の日本は、欧米諸国に負けない強い国を作る必要性に迫られており、特に軍隊の整備が急務でした。そのため国が行う教育の目的も「よい兵隊を育てるための教育」に主眼が置かれることになり、そこでは集団での一律授業こそ、同じ考えを持つ人間を大量に育てるのには効率的だったのです。

しかしながら、今やこうした一律授業はその目的を失ったばかりか、「マニュアル人間」「想像力の欠如」「言われないと動かない」など、現代社会においては多くの弊害を生んでいます。こうした教育方針を改め、自分の頭で考えて想像力を働かせるための教育が必要とされているのです。

もっとも「一対多数」という今の学校教育制度を急激に変えることは無理でしょう。そのため私たちはまず塾の学習を通して「自分の頭で考える」子供たちを増やしていきたいと思っています。

学校の先生たちも一生懸命やっておられますが、多くの先生が旧来の指導法から脱却できていないと言わざるを得ません。一生懸命教えることと、生徒が勉強を本当に理解することとは別のことです。

厳しい言い方になりますが、頭が固く、事なかれ主義の人が多いと感じます。世の中が変わっても自分たちの指導方法は変えようとしない。競争原理が働かないので改革意識が育ちにくいのかもしれません。集団教育の限界があるためやむを得ない部分もありますが、学校の先生に多くを期待するのは難しいことなのです。

武雄市の「反転授業」には多くの課題も

政府は平成二十五（二〇一三）年六月の閣議で「二〇一〇年代中に一人一台の情報端末による教育の本格展開に向けた方策を整理、推進するとともに、デジタル教材の開発や教員の指導力の向上に関する取組を進める」ことを決定しています。また「一人一台の情報端末、教室無線ＬＡＮ、全教材のデジタル教科書の整備」の実現を掲げる「デジタル教科書教材協議会」は、これを実現するための「教育情報化推進法」の制定をするよう、平成二十七（二〇一五）年六月に政策提言を行っています。一千万人の小・中学生がデジタル教科書をもって通学・通塾する時代もそう遠い日の話ではなさそうです。ユビキタス時代に相応しい「正しい学び方」を世の中に広げ、その教育理念として松下村塾の自立学習を据える。それが私たちのミッションであり、志でもあります。

そうした中で佐賀県武雄市では公立小学校の全児童に学習用タブレットを無償配布し教材として使用しており、二〇一四年の春から三～六年生を対象に「反転授業」をスタートさせました。

反転授業とは、タブレットでビデオ授業を見ながら自宅で単元内容を予習し、学校ではわからない部分や踏み込んだ内容を学ぶ、という手法で進められる授業です。つまり「学校で教えてもらい」「家で復習する」から、「家で予習し」「学校でわからないところを教えてもらう」という、従来の授業形態を一八〇度反転させたものなのです。

武雄市といえば、ＴＳＵＴＡＹＡやスターバックスと連携した図書館が話題を集めました。今回も全国に先駆けた公立学校での取り組みとして注目を集めてはいるものの、課題は山積みのようです。

反転授業は、先進的な取り組みとしては評価されるべきことですが、成功例は高校生以上の高等教育に限られ、基礎学力や勉強の仕方を学ぶ公立小中学生には向いていないと考えます。その理由を、次の三つの視点から考察します。

一、宿題をしない子供はどうするのか?

反転授業は、子供が家庭でタブレットのビデオ授業を観て予習することが前提となっています。子供たちは学校から帰ると、友だちと遊んだり習い事や塾に出かけたりと多忙な毎日を送っています。さまざまな環境下で生活している子供たちが全員、与えられた課題を毎回きちんとやってくるか、はなはだ疑問です。何らかの理由で宿題のビデオ授業を観てこなかった子供は、授業についていけないことになります。

二、カリキュラムについていけない子供はどうするのか?

算数や英語など基礎単元を積み重ねていく教科の場合、前の単元でつまずくと先の単元は理解できません。これを放置することが落ちこぼれの原因にもなっています。落ちこぼれた子供がビデオ授業を観て、次の単元を予習する姿は想像できません。

三、インプット学習では解答能力がつかないのでは？

ビデオ授業は、インプット学習（受動学習）です。教師の教えを生徒は理解し、自らのなかに取り入れます。そのことで理解する力はついても、質問への解答力をつけるには不十分です。そのためには多くの演習問題を解き、書くことでその理解を表現できることが必要です。つまり、アウトプット学習（能動学習）によって、はじめて解答能力がついてくるものです。

そもそも、映像を観るだけならば、テレビモニターでも十分です。タブレット（持ち運び可能な情報端末）を含めネット接続が可能なパソコンの特性を生かすには、「eラーニングシステム」の利用が必須であると考えます。自動採点機能、ランダム出題による反復学習、さらに個々の学習履歴の管理・分析など、ネット接続によって使用できるこれらのシステムの活用が本来のパソコン利用のメリットなのです。

最新のタブレットを導入したものの武雄市の取り組みについては、このようにいくつかの疑問点が浮かび上がってきます。

しかし、いずれにせよ、小中学生がデジタル教科書で学ぶ時代が目前に迫ってきています。パソコン活用のミスマッチがないように、また、学力低下につながらないように、これからも見守っていく必要があります。

塾業界の現状――「儲け」のジレンマ

今ある学習塾をはじめとした教育業界もあまり期待はできません。というのも「とにかく学力だけ上げればよい」「偏差値の高い大学に合格すればよい」ことばかりが意識され、表層的な教育しかなされていないからです。やはり教育には「なぜ勉強するのか」という前提があり、それに基づいて自主的に学んでいくべきものです。

今の学習塾を見ていると「東大合格○人」などの実績をうたっているものが目

立ちます。これらを前面に出していること自体、大学に受かることが勉強の目的になっていることの証左ですが、我々は真逆の考え方です。極論すれば「大学なんて落ちてもいい」のです。その代わり「人の役に立つために学ぶ」という目的を見失うことなく勉強を続け、いつか社会の役に立つ人間になってほしい。そのために塾で学んだことを生かしてほしいと思っています。

大手フランチャイズ（ＦＣ）の多くは、本部である自分たちにお金が入ってくれば、それでいいと考えるところもあると聞きます。

株式上場を目指して投資家を募るところもあります。売り上げを伸ばし、事業を拡大することを悪いとは言いませんが、株主や投資家たちは当然のことながら、利益をあげることを最優先で求めてきます。利益や効率が最優先されてしまうと、子供たちの理解を高めるために必要な投資や教育サービスが削られることも懸念されます。表現は悪いのですが、「お金儲けの道具」として教育をとらえ、ＦＣを募集して売り上げを伸ばそうとしているようにも感じます。

これはいつも感じることですが、教育に対する強い想いがあるのなら、せめて教材くらいは自分たちがこだわったものを制作すべきではないでしょうか。他社が制作した教材を使いながら、ホームページやFC募集の説明会などで熱く教育理念を語られても、本気度を疑わざるを得ません。現場に立った経験がないので仕方ないのでしょうが、教材を選ぶ判断基準はどこに置いているのか疑問です。

教育業界には「商売の道具」として教育事業を考えている企業、経営者が多い気がします。もちろん必要最低限の利益は確保しなければなりませんが、お金儲けだけを考えるのであれば他の事業を選んでほしいとさえ思います。

子供の育成に重点を置きたい

私たちは教育事業に関わる者として、こうした受験のみを目的にした教育の在り方に一石を投じたいと思っています。勉強する目的をしっかり理解させたうえで、効率的な勉強法を知ってもらい、成績を上げながら自分で物事を考え、行動する人間になってもらう。それが私たちの目指していることです。

そのためにも「ショウイン式学習法」を多くの人に知ってもらいたいと考えています。この学習法は、受験のみを目的にしたものでもなければ、儲け主義的発想で作ったシステムでもありません。そのことを理解してもらうため、私たちが採用している「認定校制度」について、少しご紹介したいと思います。

もともと私たちは、学習塾にＦＣ制は不向きだと思っています。その理由は、小売や飲食などの業種と違って、本部から提供されるのはそのほとんどがノウハウであり仕入れるモノ（商品、食材）がないこと、塾の看板（ブランド）が生徒募集には直接結びつかないことなどが挙げられます。そのため一度、ノウハウを確立すれば本部の助けがなくてもやっていけるはずで、毎月の高いロイヤルティを払う意味がなくなるのです。

その点、認定校はＦＣとは似ているようで異なります。まず開業にかかるコストを極端に抑えています。一般的にどこかの塾のＦＣに加盟すると、一教室開校するのに八百万円から一千万円程度かかると言われています。内訳は加盟金、研

「ショウイン式」の認定校「大竹松陰塾」(東京都中野区鷺宮)

修費用、テナント賃貸料、備品、チラシ代などです。また、これとは別に月々のロイヤルティの支払いが発生します。

　生徒が増えて売り上げが伸びても、その売り上げからロイヤリティとして毎月一定の額を支払うのでは、オーナーのやる気をそいでしまいます。一方、ロイヤルティを毎月納めるオーナーにしてみれば、本部に注文の一つもつけたくなるもの。その結果、関係がぎくしゃくし、事業に集中できないのであれば、双方にとって何のメリットもありません。

「ショウイン式」の「パンフレット」表紙（実物はカラー）

ショウインでは、認定校加盟に際して必要なものは加盟金と学習システムライセンス料のみ。月々のロイヤルティは一切いただいておらず、生徒数に応じた学習システムのＩＤ利用料（三十名までは一名につき二千円、以降は一名増えるごとに五百円。ただし開業プランによって異なる）を毎月支払ってもらうだけです。

さらに、二〇一三年公開の映画「おしん」役で注目を集めた子役・濱田ここねちゃんをイメージキャラクターとして起用しており、彼女を掲載したパンフレット五千部を無料でお渡しします。住所や連絡先は認定校ごとに変えていますから、そのまま配布していただけます。「ショウイン式」の特徴や勉強方法をわかりやすくまとめた冊子も無料で提供していますので、問い合わせがあった方にはこの冊子を使って具体的な案内もできます。ある認定校ではこの二つの資料だけで、二週間で十七名の入塾が決定しました。

さらに教室に掲げる看板も外観写真を見せていただいたうえでデザイン案を無料で提供しているほか、月謝の設定も自由です。塾名と一緒に「ショウイン式」のロゴマークを冠にすることでブランドを保証しています。これは認定校の皆様への教育システムの保証、教育内容の安心を象徴するものであり、弊社の責任の証でもあります。

「ショウイン式」のロゴ

こうしたことをやるのも、認定校の生徒が増えてＩＤが増えることでしか本部への入金は必要ない仕組みになっているからです。そのため認定校を運命共同体として捉え、できる限り支援する必要があるのです。オーナーにもある程度の裁量権を渡すことで、意欲を持って「ショウイン式学習法」を広めてほしいと願っています。

「ショウイン式」で現代に蘇る「松下村塾」

最後に本章のまとめとして松下村塾の教育理念が「ショウイン式学習システム」にどう受け継がれているのか見ておきたいと思います。

一、完全個別指導……能力、関心に応じた一人ひとり異なる学習指導

松下村塾では各人の学力と関心に合わせて、学習分野と教科書を選びました。学習スタイルも課題を与え出てきた答えを批評する「対策」、思い思いに読書をして皆の前で所感を述べ、塾生の批評を受ける「私業」など様々でしたが、いずれも塾生一人ひとりの個性に合わせたものでした。

「ショウイン式」は、画面の指示に従って簡単な操作で進めることができる対話形式の学習システムです。学年にとらわれることなく、どこからでも始められ、

つまずき始めた単元に戻って完全に理解し問題が解けるようになるまで、マイペースでじっくり学習を進めていきます。

二、自主性の重視……好きな時に学習できる環境の提供

タブレットとノートで熱心に学習する塾生（福岡リバレイン本校）

松下村塾では、塾生の一人ひとりがもっている才能を自分自身で発見し、刺激・展開させ、実践にまで駆り立てたように、主体性を身に付ける教育を重視していました。そのため講義の始まる時間も特に決まっておらず、塾生が塾へくると始められるというものでした。一日数回通う者や、勉強に集中すると時間を気にせず徹夜で勉強をする者もいました。

こうしたスタイルを受け継ごうと、

「ショウイン式」では各認定校での学習に加えて、自宅で好きな時間に好きなだけ学習できるよう、インターネット学習環境を提供しています。勉強は継続ですから、楽しみながら時間を気にせずに取り組むことが理想です。子供は学習内容を理解すると、勉強することが楽しみになってきます。楽しくなると放っておいても先へ先へと進んでいきます。自分で計画して学習するようになります。自分の好きな科目分野が見つかると、ますます学ぶ楽しさが身についていくのです。

三、先入観を捨てた指導……思い込みを捨てる

入門を希望する塾生に対し、松陰は身分・年齢・経歴などによる先入観には一切とらわれずこれを認め、各々の長所を見つけて引き出して、やる気を奮い立たせるよう努めてきました。「授業は能わざるも、君と共に考究せん」「眼中師弟なし、ただ朋友あり」という考え方でのぞんだように、「教師と生徒」という立場ではなく、共に学ぶ「同志」として接しました。

先入観を持たないという意味で「ショウイン式」では「この学年の子供なら、

この程度は知っているはず」という決めつけはしません。特に算数（数学）、英語は最初の単元から始めることを勧めています。というのもこれらの科目は基礎を少しずつ積み上げて学習していかなければならないからです。例えば「一次方程式」を解くためには「正負の数」と「文字式」を理解していなければいけません。最初から順を踏んで始めることで生徒自身が自分の学力の穴を発見し、その穴を埋めて初めて先に進むことができるシステムを採用しています。

四、インプット学習……しっかり読んで理解力をつける

松陰は、書かれている内容を理解する能力をつけるため、熟読を大切にしました。句読点のない文章（白文）を読ませ、わざと塾生たちを苦しめたのです。『松下村塾零話』の中で「白文を読むのはむつかしくて、読みあやまることもあるが、後には大変力がつく」と言っているように、白文を読ませることで内容を把握できる能力をつけようとしました。

「ショウイン式」では、「しっかり読んで内容を確実に理解すること」を〝イン

プット学習〃と呼んでいます。まず、問題を解く前に要点やポイントを読み取り、内容を理解する能力を育むことが大切なのです。問題文の内容が理解できてはじめて正解が導き出せます。

「ショウイン式」ではどの科目でも現在の学年を超えた学習内容にチャレンジできるようになっているため、学習内容をじっくり読んで理解すればどんどん先へ進むことができ、学力も驚くほど向上します。

五、アウトプット学習……筆記による繰り返し学習の重視

「書を読むには、其精力の半を筆記に費やすべし」

「書を読んで己が感ずる所は抄録（抜き書き）し置くべし。今年の抄は明年の愚となり、明年の録は、明後年の拙を覚ゆべし（今年の抜き書きには来年には愚かと思え、来年の抜き書きは再来年には拙いものと感じるだろう）。是知識の上達する徴《しるし》なり」

松陰は読書と筆記の重要性についてこう述べ、読書しながら盛んに筆記をしま

タブレットとノートを広げて、いざスタート

した。深く理解するためには筆記が非常に効果的であることを知っていたからです。弟子たちにも筆記することを強く勧めました。

「ショウイン式」で〝アウトプット学習〟と呼んでいる学習方法の一つに「ノート学習」があります。インプット学習で理解した内容を専用ノートに書き出すことで、学習内容が頭の中できちんと整理されていきます。特に漢字や英単語、重要語句は何度も書いて指で覚えてしまうことが大切です。

インプットとアウトプットを繰り

返して学習し、学力を定着させることができるよう、ノート学習を最大限に活用しています。

六、情報教育……学ぶ楽しさや興味を引き出す豊富なコンテンツ

若い時から松陰は天下の情勢を探るべく全国を巡っていましたが、松下村塾には「飛耳長目《ひじちょうもく》」と記された帳面があり、松陰が見聞したことや、遊歴中の塾生や友人から送られてくるさまざまな情報を記録しました。これら国内外の最新の動きを塾生たちに閲覧させ、教材としても利用するなど、いち早く情報教育を取り入れていたのです。

「飛耳」とは遠くのことを聞くことができる耳であり、「長目」は遠くまでよく見通す目という（『管子《かんし》』「九守《きゆううしゆ》」が出典）意味です。

この帳面から知る各地の様子や世の中の変化に塾生たちは刺激され、さらに学問に打ち込みました。

「ショウイン式」ではこれにならい、子供たちの学習に対する興味をさらに引

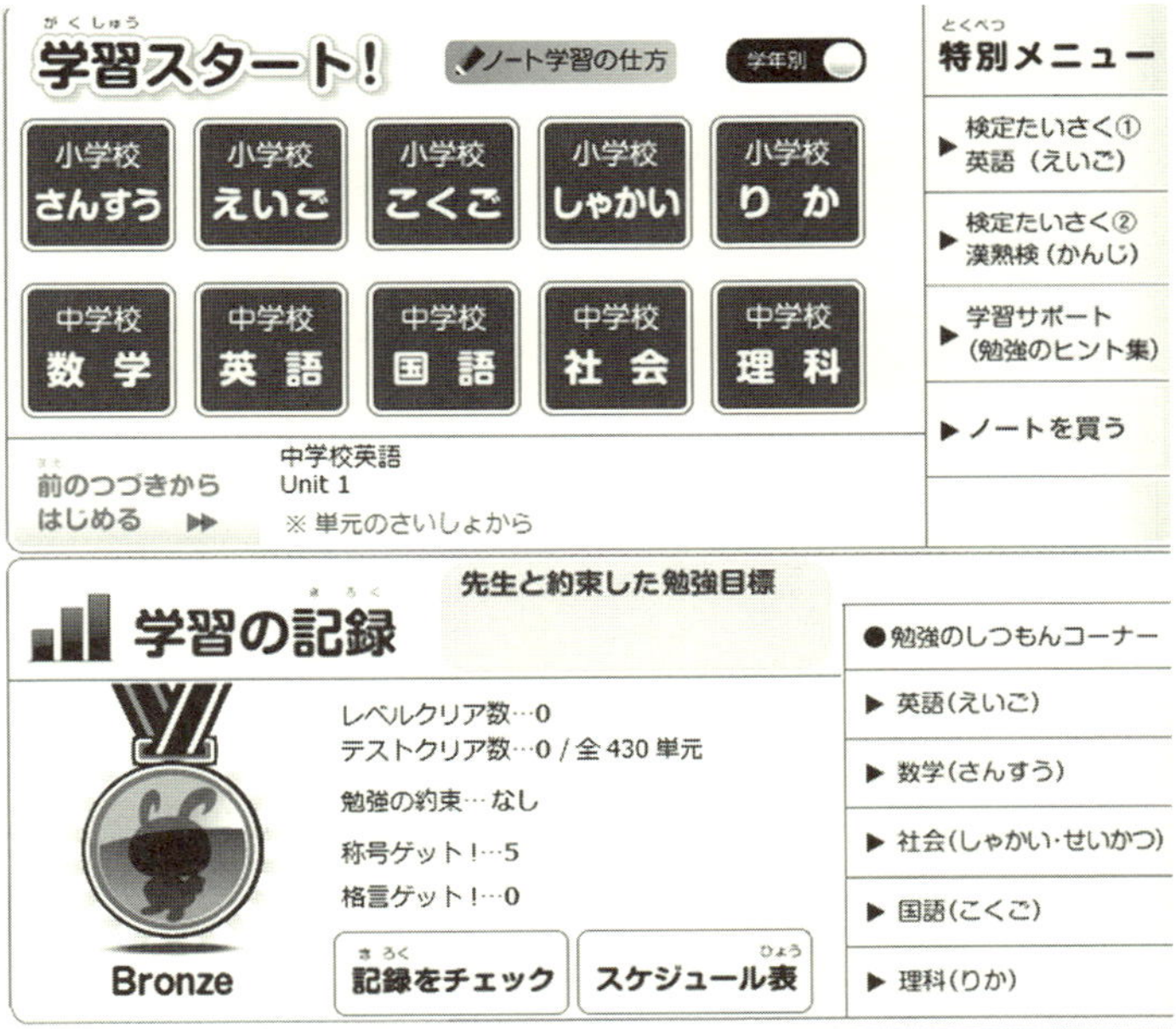

学習スタートの画面（部分）、実際はカラーで、自分で決めた目標やスケジュールなどもすぐに見ることができる

き出し、理解度をよりより高めるため、歴史上の人物のモンタージュボイスやムービー、アニメ、ビデオなど三万点を超える画像や音声を駆使した学習資料を提供しています。また、塾生たちが交流できる掲示板もあります。勉強の息抜きもかねており、学習仲間の情報交換の場として利用できます。

七、ほめる教育…学習意欲が湧き上がる学習履歴と評価システム

松陰は、ほめる時はオーバーな表現を使ってほめ讃えました。その結果、塾生たちは本人すら気づいていない潜在能力を引き出され、様々な分野で優れた功績を残す人物へと成長しました。

「ショウイン式」では、学習項目が一つ終了するごとに評価メッセージが表示され、同時に画面上でご褒美のコインが数枚もらえる仕組みになっています。貯まったコインの枚数により、プレゼントと交換できる特典も用意しており、目標をもって楽しく学べるようになっています。

なお、学習した内容は保存されるため学習履歴はいつでも確認可能で、自分で理解度を分析することもできます。

第二章　「ショウイン式」が誕生するまで

一クラス三名で塾業界に革新？

コンピュータを使った対面式の学習システムである「ショウイン式」は、これまでの学習塾経営の経験から生まれたものです。

もともと私たちも一般の塾と同じように教師たちが紙の教材を使って直接生徒たちに教える形をとっていました。やがて、こうした集合型学習の限界を知り、それを補う形で改良を加えたものが「ショウイン式」なのです。

この章では、個別指導学習塾の内情を知っていただくために、私たちの学習塾指導の歴史、すなわち失敗の歴史をお話ししたいと思います。

私は大学時代、家庭教師のアルバイトをしていました。時給もよく、何よりも人に勉強を教えることが性に合っていたのだと思います。大学の授業は休んでも家庭教師には行くほどの熱の入れようでした。

大学を卒業して大手住宅メーカーに就職しましたが、馴染めずに三カ月で退職し、兄が始めたばかりの学習塾に入りました。昭和五十五（一九八〇）年七月のことです。

学習塾では小中学生を対象とした個別指導を売りにしていました。当時、少人数による個別指導をうたった学習塾は他にもありましたが、少人数といっても一クラス十名程度はいました。それを一クラス三名にして、週に二回（一回二時間）の授業を行ったのです。「十名はもはや少数指導ではない」というキャッチフレーズを今でも覚えています。

一クラス三名であれば、一人ひとりに目を配ることが可能です。学力別にクラスを編成して、それぞれにあったカリキュラムを作ることもできます。さらにオリジナルの教材も作成しました。当時は、学校の教科書以外に教材といえるものがなく、どの塾でも学校の教科書を使って教えていました。そこで様々な教科書から問題を選び出して一冊の教材に詰め込んだのです。ワープロもない時代ですから手書きしたものをホチキスでとめて使っていました。

一、一クラス三名制
二、学力別クラス編成、生徒の学力に応じたカリキュラム
三、オリジナル教材を使用

この三つを塾の特徴として打ち出したのです。

他塾との差別化で事業拡大

兄と一緒に始めた塾は、こうした方針のもとで営業活動に力を入れました。電話をかけて関心を持ってくれた家を訪問し、無料で受講できる「体験学習」の案内をしました。また、団地をまわって「飛び込み営業」もしました。「うちは子供がいない」と言われると、どの家に子供がいるかを教えてもらい、そこを訪問しました。お金もありませんでしたから、他塾のチラシから必要な個所を切り貼りしてコピーした「オリジナルチラシ」を持って営業に出たりもしました。

ちょうど、第二次ベビーブーム世代が中学生になろうかという時代。小中学校では一クラスの人数が約四十人前後。学校の勉強だけではついていけない子供も増えており、親たちはとにかく塾に通わせることで安心感を得ようとしていました。

当時の学習塾は一クラス十五人から三十人程度の集合形式がほとんど。学校の補助的機関として、学校の授業と特別代わり映えのしないカリキュラムに従い、同じ内容を塾でも繰り返しているだけで、学校で落ちこぼれた子供がまた、塾で落ちこぼれるということも珍しくありませんでした。

そういう状況の中、一クラス三名制での個別指導をうたい、オリジナルの教材を売りにして営業をかけたわけです。反応はすぐに出始めました。戸別訪問からチラシによる営業に切り替えると、多くの入塾がありました。集客は順調で、わずか二年間で八教室まで拡大したのです。

ところが落とし穴が待っていました。八教室のうち六教室の塾長が結託し、独立させてほしいと言ってきたのです。もちろん認められません。すると教室を勝手に別の場所に移して新しい看板を掲げ、教室ごと乗っ取ってしまったのです。営業の仕方や勉強の指導法などを教え込んでいたため、自分たちでもできると判断したのでしょう。

こうした失敗がまず直営形式の塾運営から脱却する一つのきっかけになりまし

た。ちょうどその頃、フランチャイズ（ＦＣ）経営が注目されていたこともあり、ノウハウを盗まれるくらいならあらかじめ提供して対価をもらった方がよい、ということでＦＣ形式によって教室数を増やしていくことにしました。その結果、福岡県内に五十カ所のＦＣを展開するまでになりました。

人が人を教える難しさ

一クラスの人数を三名にすることで一人ひとりに目を配り、徹底して教え込む塾を目指していましたから、オリジナル教材のほか、わかりやすい授業を行うために、いろいろな角度から教える工夫を凝らしました。

さらに教える人が足りないというＦＣ教室が出てきた時に備えて講師を募集したところ一年間に約二千名が応募してくれました。そこから応募者に中学レベルの五科目のテスト及び面接を行い、約三百名程度に絞り込んで採用し、研修も行いました。ＦＣ教室からの要請があればそこから登録者を派遣したのです。

また、今までの集合指導では、きめ細かな指導ができないという想いがありました。そのため徹底した個別指導によって他塾との差別化を図り、一人漏らさず学力を伸ばそうとしたのです。

ところが現実は思い通りにはいきませんでした。

結論から言うと、少人数指導は子供たちの「依頼心」を助長させてしまったのです。個別指導は確かに他塾との差別化にはなりましたが、きめ細やかさを追求すればするほど生徒たちに必要以上に手をかけることになり、講師に甘えてしまったのです。その結果、講師と生徒の間に緊張感がなくなり、講師の指導・指示を無視して宿題すらやってこない生徒も出てきました。

また、徹底した個人指導を普及させるためには多くの講師が必要になります。そのため講師の人件費を抑える必要があり、大学生を中心にしたアルバイトに頼らざるを得ませんでした。しかしアルバイトであるがゆえに責任感が不十分な学生も多く、授業に穴を開けたり、学期の途中で辞めたりする講師が出るなど、その対応に追われました。講師が替われば生徒や保護者からのクレームは出ますし、教える講師によっても教え方や質にばらつきが出ます。この点も頭が痛いところでした。

もう一つ気になることがありました。それはアルバイトの講師ではなく、私が直接教えても成績が伸びない子がいることでした。これまでの経験から生徒の成績を伸ばすことには絶対の自信があったにも関わらず、どうしても結果が出ない子がいるのです。

そのうち、成績が伸びない子には一つの傾向があることがわかってきました。彼らはとても真面目で、話を聞いて頭では理解はするのですが、そこで終わっているのです。理解したことを一度自分の中で消化し、それをアウトプットする訓練ができていないので「解答力」がない。そのためテストでは点が取れないのです。

それ以降、アウトプット学習の必要性を痛感し、「書いて覚えさせる」ことを重視しました。例えば算数であれば公式を覚えたあとに、類似問題を五問解かせると、だいたい身につきます。ただ、これを一人ずつやっていくことは手間がかかるうえ、アルバイト講師に徹底させることは至難の業でした。

こんな状態で一人も落ちこぼれなく学力向上が果たせたかといえば、もちろん否です。「人が人を教える」ことは、人間が様々な環境、習慣、性格、感情などをベースに成り立っている以上、大変難しいということがわかりました。同時に、もっと効果的かつ確実に物事を理解させるには、別の方法があるのではないかと思うようになったのです。

逆転の発想・その一、人件費・家賃をかけない

そうした試行錯誤が続く中、平成五（一九九三）年にバブル経済がはじけ、世の中の社会情勢が急速に変化してきました。子供の人口も第二次ベビーブーム世

代の六割まで減り、市場は急速に縮小していきます。また、前に述べた理由で「一クラス三人制の個別指導塾によるＦＣ展開」というビジネスモデルにも限界を感じていました。

いよいよ思い切った決断を下す時が来たのです。

これまでの塾の問題点を改めて洗い出してみました。まず大量の講師を抱えるがゆえに、人件費が膨らんでいました。その割に、子供たちの成績は思うように伸びていないのです。そして毎月固定費として出ていく家賃がありました。人件費と家賃、この二つの固定費を抑えながら塾を運営することはできないものか、考えました。

その時に行き当たったのがコンピュータ学習でした。今まで私たちが作ってきたオリジナル教材をソフト化したらどうだろうか。そうすることでまず講師が不要になり、人件費を大幅に削減できます。指導の質も均一化されます。

講師が隣にいなければ子供の依頼心もなくなり、究極の自立学習が実現できるのではないか。コンピュータを置くスペースさえあれば広い教室も不要になり、自宅を使ったミニ塾だって可能です。これなら家賃「ゼロ」も実現できます。コンピュータソフトを塾長に貸し出して、売り上げに応じてコミッションをもらう。これならいけるかもしれない、と思いました。

八月になって塾長を募集したところ、菅原光子（現在、弊社の取締役指導部長）が応募してきました。そこでさっそく自宅にコンピュータを置いてミニ塾を開きました。教室としての賃料がかからない分、月謝は思い切って半額に下げてみました。

そのうえで半径一キロ以内に一万枚の折り込みチラシをまいたところ、一週間で十件以上の問い合わせがありました。それまで折り込みチラシは一万枚で一～二件程度の反応でしたから、驚くべき数字です。月謝を低く抑えたこと、コンピュータ学習という斬新さも手伝って、思いがけない生徒数を確保できました。

こうして一クラス三名制の学習塾と並行する形で、コンピュータ学習塾の塾長を募集していきました。学習システムはＯＥＭ（他社製品の自社ブランド）で構築し、塾長にはパソコンを貸し出して、学年・学科ごとのフロッピーディスク

（当時）を購入してもらいました。そして売り上げに応じたフィーをもらいました。

「マイペースでできる」「自宅でできる」「素人でもできる」などの謳い文句が功を奏し、塾長は順調に集まりました。そこで手応えを摑んだため、それまでの講師による直接指導をやめ、コンピュータを用いた学習塾という業態に全面転換しました。平成六（一九九四）年四月のことです。

逆転の発想・その二、無機質なコンピュータの特性を生かす

学生講師の労務管理の呪縛から逃れることができ、ようやく経営に専念できるようになりました。コンピュータ学習塾による全国へのＦＣ展開も積極的に行っていきました。

平成九（一九九七）年になって学習システムをＯＥＭから自社開発に切り替え

ました。それまで作ってきたオリジナル教材を、いよいよ自社の学習システムに組み込んでいく作業を始めたのです。データ構築やプログラミングに一年かかりましたが、長年の経験を加味して作られたオリジナル教材だけに、この教材とコンピュータ学習システムが連動すれば、さらに効果も高まると思いました。

コンピュータ学習というと、違和感を覚える親御さんもいらっしゃると思います。「英語も漢字も、しっかりとノートに記述してこそ覚えられるもの」「パソコンの画面で眺めただけでは身につかないのでは」。そんな声が聞こえてきそうですが、その通りです。理解した内容を確認して覚えるにはノート学習は不可欠ですし、パソコンの画面の文字を眺めるだけでは実力はつきません。後に詳しく述べますが、私たちもノート学習は重視しています。

しかしコンピュータを使うメリットもまた多いのです。練習問題を解いていく中で間違ったところは学習履歴に残されていくので、自分が苦手なところが把握できる。紙の教材と違って画像や動画、音声などによって五感で覚えることができる。問題を出すのは人間の講師ではなくコンピュータなので、無駄話をしたり、

真剣に学習する子供たち（福岡リバレイン本校）

相性の良し悪しが発生したり、といった人間が教えることによるデメリットを排除できる。その結果、学習効率が非常に上がるのです。

コンピュータによる学習内容は大きく分けると「適語選択」「適語入力」「並び替え」に分かれます。また、生徒たちを飽きさせない工夫としてデザイン性やゲーム性の追求、徳育（格言やことわざ）の導入などを行っています。

デザイン性についてはプロのデザイナーを起用し、ビジュアルの見やすさもさることながら、画像は画面の左側に置くことで、記憶を司る右脳に訴えかけるようにするなど、成果につながるデザインを追求しています。

「楽しさ」については、映像や動画入れることで関心を高め、記憶にしっかりと残るようにしています。しかも映像はリアル感・本物感にこだわり、現地まで出向いて撮影したりＮＨＫから購入したりすることで、なるべく本物に近づけるように努めています。歴史上の人物の骨格をもとに復元したモンタージュボイスも随所に取り入れており、聖徳太子や豊臣秀吉などが声を出してしゃべったりします。これにより、イメージを膨らませることができます。

さらに一般的にコンピュータ学習システムでは、数問答えた後にまとめて解答が出る仕組みになっていることが多いのですが、私たちのシステムは一問答えるごとに正否が出ます。システム的には手間のかかることですが、問題を解いていくリズム感を重視しました。正解音（ピンポン！という効果音）も、既存の音源にはイメージに合うものがなかったのでオリジナルで作りました。「耳触り」「目障り」（デザイン）など五感を大切にしているのです。

現在収納されている問題数は約十二万題ありますが、他社が同じようなシステムを作ろうと思っても、まず開発に膨大な時間がかかります。単純にシステムを組むだけの話ではなく、試行錯誤してきた私たちの経験とノウハウが至るところに凝縮されていますので、同じようなものを作ろうとするのはほぼ不可能に近いと思います。

このようにしてどこにも存在しない画期的な学習システムが完成し、今も進化を続けています。このシステムを使えば、教育指導の未経験者でも生徒たちの成績を伸ばすことができると自負しています。私たちが目指していた「全員の学力向上」に一歩近づいたと確信しています。

逆転の発想・その三、教え込まない

しかしながら、中にはうまく使いこなせずに生徒の成績が伸ばしてやれないFC教室もありました。その背景を分析してみると、塾長のコンピュータ学習に対する理解不足が背景にあることがわかりました。

自立学習に慣れていない子供たちが、「先生が教えてくれないからわからない」と言ってきた時、本来であれば励ましながら、コンピュータ学習に取り組むよう背中を押してやるべきなのですが、つい自分が教えてしまう。そしてコンピュータの指示に従わずに自分が用意したプリント問題を解かせたりするわけです。特に雇われている現場スタッフは、それまで学校の先生や塾講師など教育経験者も多く、コンピュータ学習に疑心暗鬼であることが多いのです。

私たちの学習システムでは、指導者が生徒に教え込むことは逆効果なのです。両者の間にコンピュータという一切の感情を排除した装置を置き、そこを経由して学習させることが、私たちの考える「自立学習」の第一歩です。

そうした部分の理解がなく「コンピュータ学習は単にテキストをパソコンの画面に映し出しているだけ」と考えてしまうと、「自ら学ぶ」という原点にぶれが生じ、学力の向上は望めません。そのため私たちは塾長に対して〝コンピュータ学習の指導法についての研修〟を徹底しています。その指導の要諦は「スタ

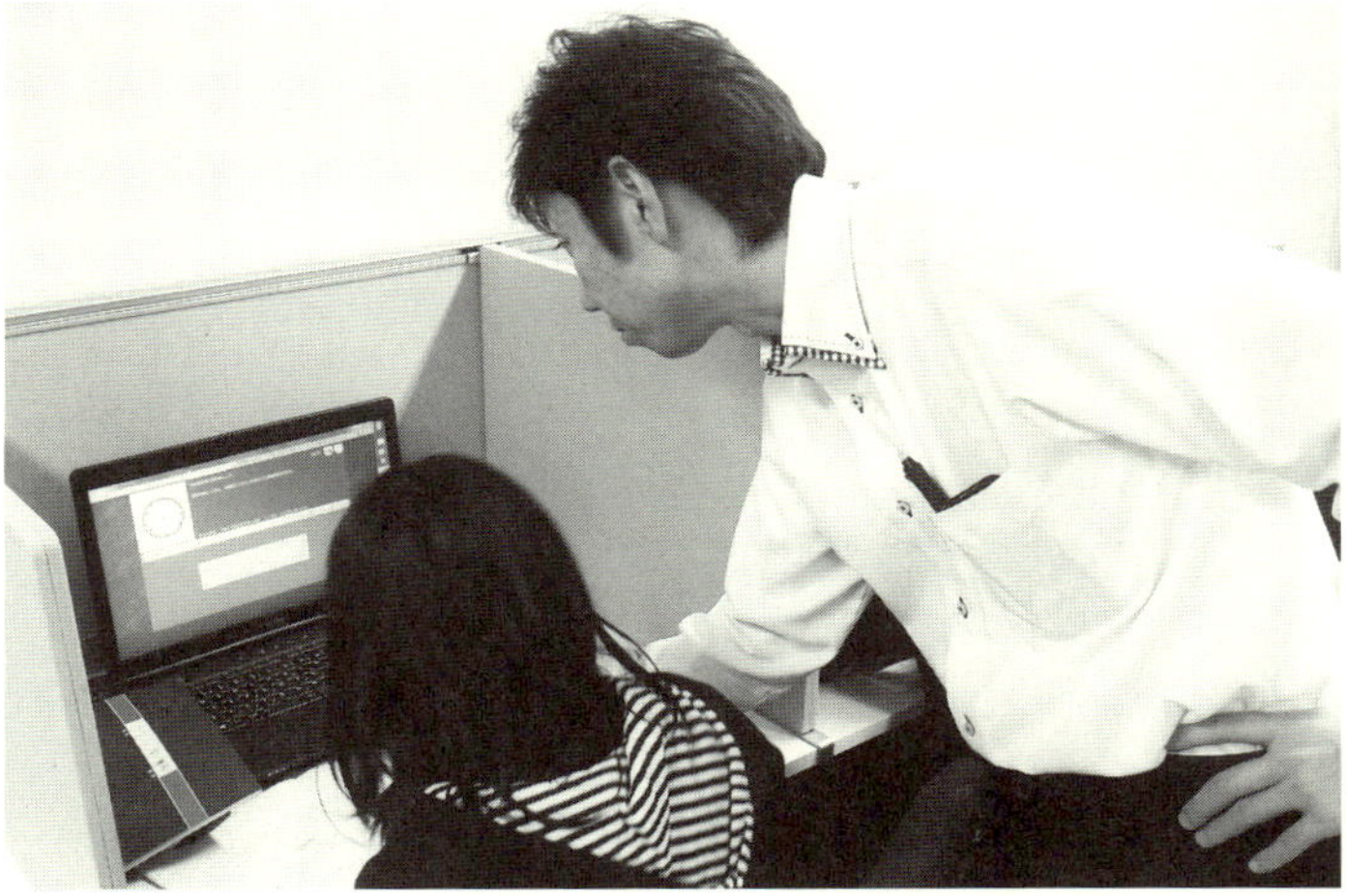

学習する子供にそっと声をかける

ディー・オペレーティング・メソッド」という共通言語にまとめていますが、そこでは三つのことを柱に据えています。

一、信じること

子供たちは教師を信じ、ロールモデル（お手本）として指導を受けたいと願っています。パソコンは教師ではありませんが、先生の分身としてティーチングを任せるという役割がある以上、教師がパソコン学習に絶対の信頼を置くことが何より大切です。

ショウイン式専用ノート
使い方のポイント

パソコン上に出題された問題やヒント、ポイントをノートに次々に書き写していくこと、考えながら自分のオリジナルノートをつくることで、頭の中に大切なことがしっかりと整理されていきます。ショウイン式は、下記の専用ノートを使って学習します。

ノートの種類（小学生・４種類／中学生・５種類）	小学生	中学生
1 小学理科新発見ノート	●	
2 小学漢字達人ノート	●	
3 算数・数学まちがい克服ノート	●	●
4 社会反復まとめノート	●	●
5 中学英語単語マスターノート		●
6 中学英文法マスターノート		●
7 中学理科サイエンスラボノート		●

「ショウイン式専用ノートの使い方」を解説

二、教えすぎないこと

パソコン学習は子供にとって一斉授業よりも苦労が多いといえます。先生が近くにいても基本的には自分で学び取らなければならないからです。この苦労するというハードルを飛び越えてこそ、本物の実力・学力が身につくのです。

三、書かせること

パソコン学習はキーボードのみの学習ではありません。必ずノート学習を実施させ、書く訓練を徹底させる必要があります。パソコン学習は鉛筆を使って書く勉強をするための道具、いわばトレーニングマシーンとして位置付ける必要があります。先生に解き方を教えてもらって、それだけでわかったつもりでいるとインプット学習だけで終わってしまうのです。

「ネット塾ショウイン」のスタート

平成十三（二〇〇一）年、インターネットでもコンピュータ学習を利用できるサービス「ネット塾ショウイン」がスタートしました。

自立学習を支援するための教育手法として開発した「ショウイン式」は、先生が子供のそばで教え込む学習方法ではありません。子供がマイペースで取り組めるため必ずしも塾に行く必要はなく、自宅で取り組むこともできるわけです。わからないところがあってもコンピュータが自動的に「指導」するため、隣に先生がいなくてもよいのです。

ただ小中学生は勉強へのモチベーションが低いため、いきなり自立学習といっても自分からはなかなか取り組めません。そのため指導員がインターネットをつないでパソコンの画面越しに会話するテレビ電話を使って週に一度、進捗状況を確認するようにしました。その時に、「来週までにどこまでやっておくか」を確認・約束しておくと、子供たちは期限までに取り組む確率が高くなります。

「ネット塾ショウイン」では人件費が抑えられる分、さらに月謝を安くすることができました（月額八千円）。親御さんも勉強の進捗具合を指導員からの報告で確認できますし、ネットを使ったテレビ電話を通して相談することもできるので安心してもらっています。

少し話はそれますが、このインターネット版学習システム「ネット塾ショウイン」には、初めて「ショウイン」の名を入れました。それまでは単に「コンピュータ学習」という名称でサービスを提供してきましたが、インターネット版は新たな商品ブランドで展開したいと思っていたのです。

ちょうど、名前を決める日の前日、松下村塾のあった山口県萩市に旅行に出かけていました。そのことが頭にあったのでしょうか、翌日出社した時に真っ先に浮かんだのが吉田松陰のことでした。インターネット学習はこれまでの教育の在り方を変える可能性がある。その「革新性」が松陰と重なったのかもしれません。「松陰」だと少し硬すぎるため、片仮名で「ショウイン」としたのです。

「個別指導」「自立学習」をうたう塾や教育関係者には、その原点ともいえる松下村塾の理念を信奉している人は多くいます。私も塾を始めた時から吉田松陰や松下村塾に関連する書籍を読んでいました。しかし松陰の名前を社名や塾名に冠したケースは私の知っている限り、ありません。恐れ多い気もしましたが、「松下村塾の指導を現代に蘇らせる」という意気込みの証として「ショウイン」としました。

こうして始まった「ネット塾ショウイン」は有料サービスに加えて、公立の小中学校、適応指導教室、病院内学級、フリースクール、海外の日本人学校など約八十カ所の教育現場にもＩＤを寄贈してきました。特に不登校の子供を指導する特別学級や、海外で教師の数が不足している日本人学校では、重宝されています。

ここで一つの転機を迎えました。私は今後このインターネット学習塾に力を入れていきたかったのですが、会社としてはこれまで通りFCによる事業を中心に展開していく方針で、私の考えと少しズレが生じてきたのです。そこで思い切って兄と一緒に始めた会社を飛び出し、インターネット学習塾にかけてみることにしました。そうして立ち上げたのが「株式会社ショウイン」です。

ただ、インターネット学習塾といっても最初はピンと来ないと考え、まずは従来通りの通学型のコンピュータ学習塾を運営しながら、徐々にインターネット塾を広げていこうと戦略を立てました。

スポーツをしている子、不登校児、入院している子……。世の中には塾に通いたくても通えない子たちもいます。また、自宅で勉強した方がはかどるという子もいるはずです。塾に通えなくてもインターネットを使って自宅で学習することで同等のレベルが担保されるのなら、自宅で学ぶという選択肢があってもいい。インターネットを利用した学習スタイルはこれから確実に需要が出てくると思っ

START GUIDE
保存版
ショウイン式スタートガイドブック
2013年映画『おしん』の主役、濱田ここねちゃんもショウイン式で学んでいます（第37回日本アカデミー賞新人俳優賞などの映画各賞を受賞）。

「ショウイン式スタートガイドブック」(実物はカラー)

ています。

現在、ショウイン認定校でも、このノウハウを利用して不登校生や親の都合で転校を余儀なくされた子供、遠隔地の子供の指導にも役立てることができるようになっています。

第三章　〝松下村塾〟のつくり方

イメージキャラクター「アポロ君」。一緒に学習し、さまざまな場面で登場する

「わかるの三大法則」

ここまで「ショウイン式」の学習理念には松下村塾の理念を取り込んでいること、集合形式の学習塾の弱点を補うことで「ショウイン式」が生まれたことを紹介してきました。

本章ではいよいよ、「ショウイン式」の学習法を用いて学力を伸ばすためのノウハウ、いわば〝松下村塾のつくり方〟をお話ししたいと思います。私たちはコンピュータソフトと連動させることで効率的に成績を上げることに成功していま

since1980
Showin
ショウイン式
成績アップ
宣言！
▶わかるところから始めます
▶わかるまで先に進みません
▶わかるまでくり返します
「3W（わかる）の法則」を取り入れ「成績アップ宣言」

すが、そのエッセンスはご家庭での学習指導にも参考にしていただけるものと自負しております。

これまでの学習塾での経験から、伸びる子を育てている指導者の教え方には三つの共通項があることに気づきました。

一、わかるところから始める
二、わかるまで先に進ませない
三、わかるまで繰り返す

「ショウイン式」ではこの共通項を「3W（わかる）の法則」と名付けて

システムの中に取り入れています。

「ショウイン式」では、まず「わかるところから」始めさせます。なぜなら、その方が勉強は楽しいからです。まずは出題された問題を、鉛筆を使ってノートに次々に書き写していく。考えながら自分のノートを作ることで、頭の中にポイントがしっかりと整理されていきます。

わからないところは、うやむやのまま先に進ませません。徹底的に基礎学力を鍛えなければ、学力の向上は望めないからです。基礎を学んだ後は、理解した内容を確かめるために多くの類題を解きます（「ショウイン式」ではパソコンが瞬時に答え合わせをしてくれます）。

「理解する→書いて覚える→自分の頭を使って考える→答えを導き出す」。この繰り返しをパソコンを使うことできわめて効率的に楽しく進めることができます。ゆるやかな階段から登り始め、基礎体力がつくと急な坂道でも駆け上っていくイメージです。この理論は全国百校以上のショウイン認定校で実践され、多くの子供たちの成績を伸ばしています。

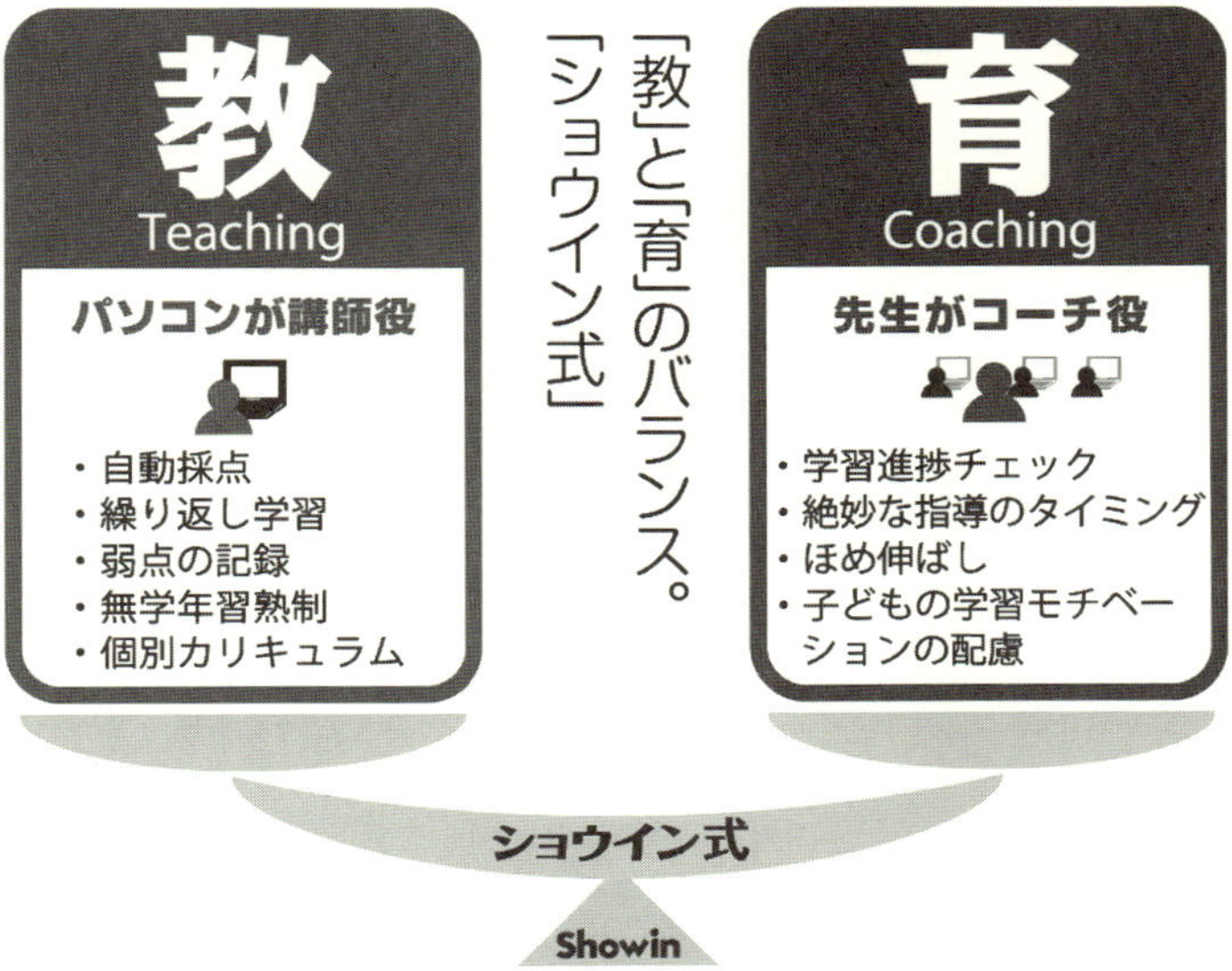

「教」と「育」のバランスをとる

「ショウイン式」のもう一つの特長は、教育を「教」と「育」に分けて考えることです。「教＝スキル」と「育＝ハート」と考えるとわかりやすいかもしれません。

スキルは「効果的な学習の技術」です。技術ですので訓練次第で誰でも熟練者になることができるのです。

これは感情抜きに繰り返し演習によって学習能力を向上させることができるため、デジタル（コンピュータ学習）が得意とする分野です。

ハートは「学習する心」と考えます。勉強する前に心構えや学ぶ姿勢を整えること。この分野は勉強する意義や将来の夢など、感情をコントロールすることになるため、人が直接指導する方が効果的です。

つまり「教＝スキル」は、パソコンの学習システムが担当し、ノート学習の指示、ヒント・ポイント・繰り返しの演習問題を与え、それを自動採点して分析し、子供の学習進捗を文字通り機械的に見守ります。コンピュータが得意とするクイズ形式による演習問題は子供を飽きさせず、楽しく集中して学ぶことができるため、自然に自立学習能力がついていきます。

人間は「育＝ハート」の部分を担います。子供自らの力でハードルを乗り越えさせるため、最初から解答は与えません。的確なヒントを出すことで、自分の頭で答えを導き出す手助けを行います。また将来の夢、目標の設定など「コーチング」の手法で、子供のやる気を引き出していくことも重要な役割です。

先に述べたように吉田松陰は身分を問わず入塾を認めました。そのためあらゆる階層の人たちが集まってきたのです。身分に基づいた上下関係を否定した松陰は、自らも「師弟」という表現を避け、塾生たちを「友人」と呼ぶなど同志として接しています。そうした素地があったからこそ「共に学ぶ」という姿勢が生まれ、師から〝教わる〟のではなく、〝共に学ぶ〟スタイルが確立したのです。そして松陰自身は塾生を励まし、やる気を高めるための言葉は惜しみなく与えたのでした。

「ショウイン式」では特にこの「育＝ハート」の部分を重視していますが、そのためには「教＝スキル」の部分は切り離す方が効果的なのです。

「教＝スキル」と「育＝ハート」。この両輪がうまくかみ合うことで、子供の学習意欲が高まり、結果として成績を向上させることになるのです。

「自立学習」「アウトプット学習」を常に意識

「ショウイン式」の基本は、「自立学習」と「アウトプット学習」です。

自立学習という概念は昔からありましたし、今でも自立学習をうたっている塾は多くあります。そこでは、プリントや教材を用意して学習させるのですが、先生は生徒の隣に黙って座っているわけにもいかないので、生徒が悩んでいるとつい自分でやり方を示して答えを与えてしまいます。これまでお話ししてきたように、これでは自立学習とは言えません。生徒が学ぶ楽しさを知り、自ら机に向かう。これが自立学習です。

また、「ショウイン式」ではわかるまで次の単元に進めない仕組みになっているため、単元を確実に理解（インプット）しなければなりません。それをノートに書きだして覚える「アウトプット学習」で、頭で理解したことを確実に自分のものにしていきます。

わかるところから、自分の好きな時間に勉強する自立学習。そのうえで内容を理解し、それを繰り返し書き出すことで頭に叩き込むアウトプット学習。これが「ショウイン式」の大きな特徴といえます。

時間がかかっても「自分で山を登る」

自立学習についてもう少し詳しく見てみましょう。

ここで、授業を山登りに例えてみることにします。新しい単元に入ったとき、子供は山の麓《ふもと》に立っています。単元の終了が頂上です。単元は教科ごとに複数ありますから、子供たちは次から次へと、いくつもの頂上を征服していかなければなりません。

子供に「一人で頂上まで登ってごらん」と言うと、山の麓に立つ子供たちは、登山口を発見しようとしてウロウロするやら、探し疲れて座りこむやら、「地図もないのに、どうしろって言うんだよ」とぶつぶつ言うやら。登山口はわかったものの、どのルートを行けばよいのかわからず、途中で道に迷ってしまう子もいるでしょう。頂上までが険しくみえるので、引き返してしまう子もいるかもしれません。

現在の学校教育や集合指導を行う塾の実態は、これに近いものです。麓の子供たちには講師が引率者として付き添っており、登山口もわかります。しかし集団で頂上を目指して歩き始めると、やがて足腰の弱い子供が悲鳴をあげ始めます。教師は歩くスピードを緩めますが、すると今度は脚力のある子供が物足りなくなり、「もっと早く進みたい」と不満を漏らします。

やがて足腰の弱い子がさらに遅れをとり、視界から一人、二人と消えていっても、引率者はそのスピードまで緩めることはできません。たとえ待っていてあげたくても「この時間までには頂上に到着しなければならない」というスケジュールが決まっているからです。結果的に引率者は、平均的な脚力の子供のペースで進み続けるしかないのです。

　こうして引率者の周囲にいる子供たちの人数は、加速度的に少なくなっていきます。脱落してしまう子供ばかりではなく、脚力のある子も、先生やほかの友達を置き去りにしてさっさと前を進んでしまうからです。

　登山のスピード、つまり授業のペースがちょうどよいという子供の方が少ないのが、学校や集団指導塾での授業の姿なのです。もし山頂まで続く階段が用意されていれば、子供は一人でも、登山口はどこかと迷うことなく、頂上を目指していけるでしょう。

　この階段を二人の子供、A君とB君が登ったとします。A君は頂上まで二時間でたどり着き、B君は六時間かかりました。もし階段がなかったら、B

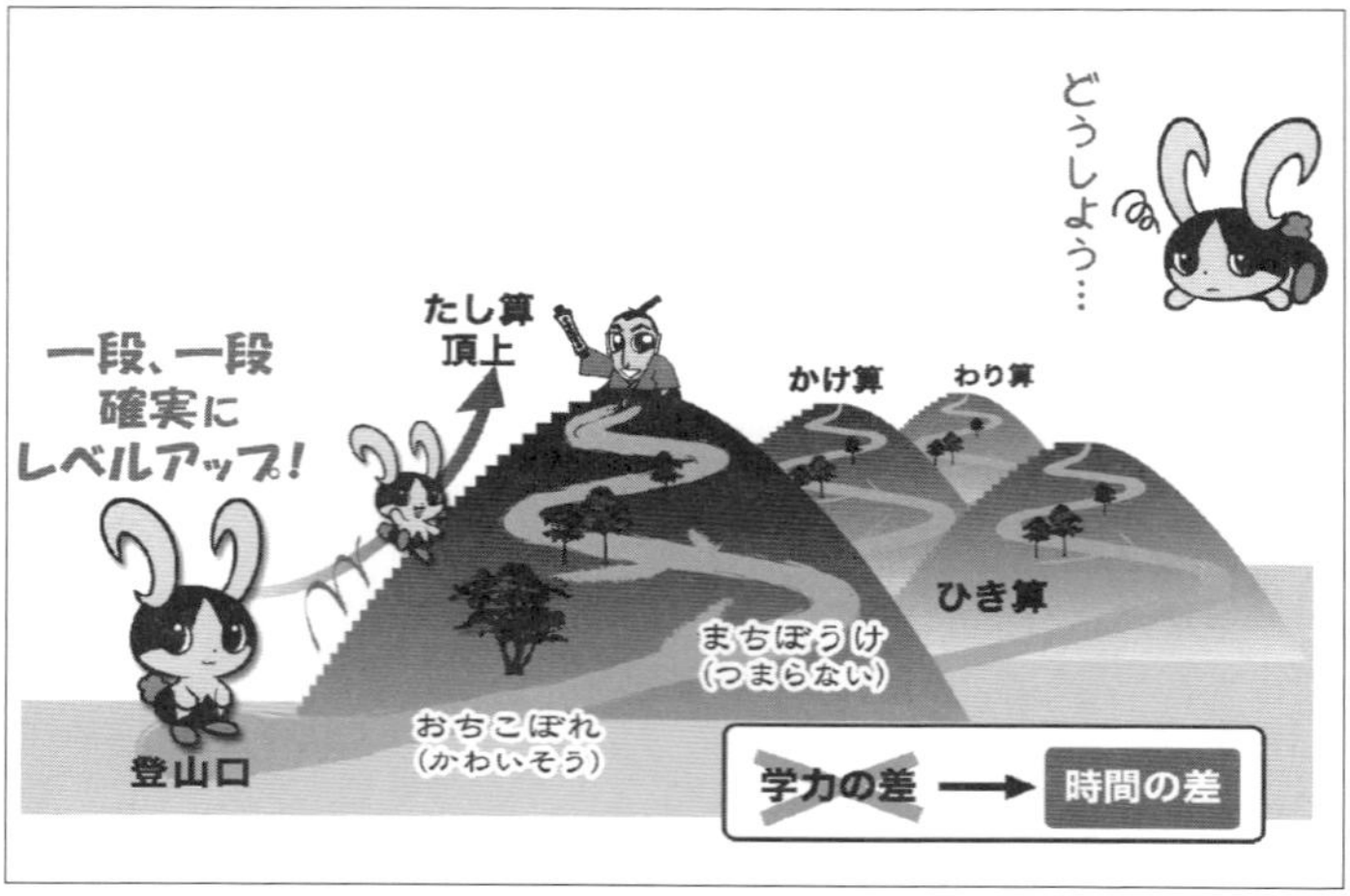

君は頂上にたどり着く前に、登ることをやめていたかもしれません。しかし多少時間がかかったにせよ、B君は自分一人の力で頂上に立つことができたのです。

何ごともスピーディを良しとする現代社会では、A君が「頭の良い子」と呼ばれます。短時間で頂上まで行き着ける方が、効率が良いのは確かです。しかし、頂上を極められたかどうか、という点では、B君もA君と同じ評価のはずです。ですから二人の学力差はほとんどないといって良いでしょう。

では、A君とB君の違いは何か。それは「時間の差」です。B君は普通の授業にはついていけず、いつの間にか取り残されてしまうタイプです。しかし「学力が低い」訳ではありません。B君も自分のペースで階段を登っていけさえすれば一つの単元を達成し、次へと進んでいくことができるのです。

小中学生の間にマスターしなければならない学習内容の〝山〟は、特殊な事情がない限り誰にでも登れる高さです。正しい手順で、必要な時間をかければ、誰にでも到達できるのです。

言い換えれば、小中学校の間の「学力差」など大したことはないのです。子供の頃に「飲み込みの悪い子」「要領が悪い子」と言われた人の方が、大成するだけの粘り強さを持っている場合も少なくありません。

「成績が伸びない」大きな理由

「ショウイン式」のもう一つの柱である「アウトプット学習」はどうでしょう

か。ここで改めて「アウトプット学習」「インプット学習」について考えてみましょう。

インプット学習とは「読む」「聞く」「見る」などの行動によって情報を受け取る学習のことで、先生の授業を聞くことや、読書による学習などはインプット学習の一例です。これで完全にインプットされていれば万々歳ということになるのですが、学習姿勢として受身的になるため、一過性のものになってしまいがちで定着しません。

これに対してアウトプット学習は、インプットした情報を外に出そうとする学習です。すなわち、自分なりに理解したことを、自分のものとして外に出そうとする作業です。「漢字や英単語を何度も書いて覚える」などがわかりやすい例でしょう。

インプットした情報が定着していなければ外に出せませんから、アウトプット学習は理解度の確認になります。またアウトプットすることで、インプットされた情報が定着するという効果も期待できます。

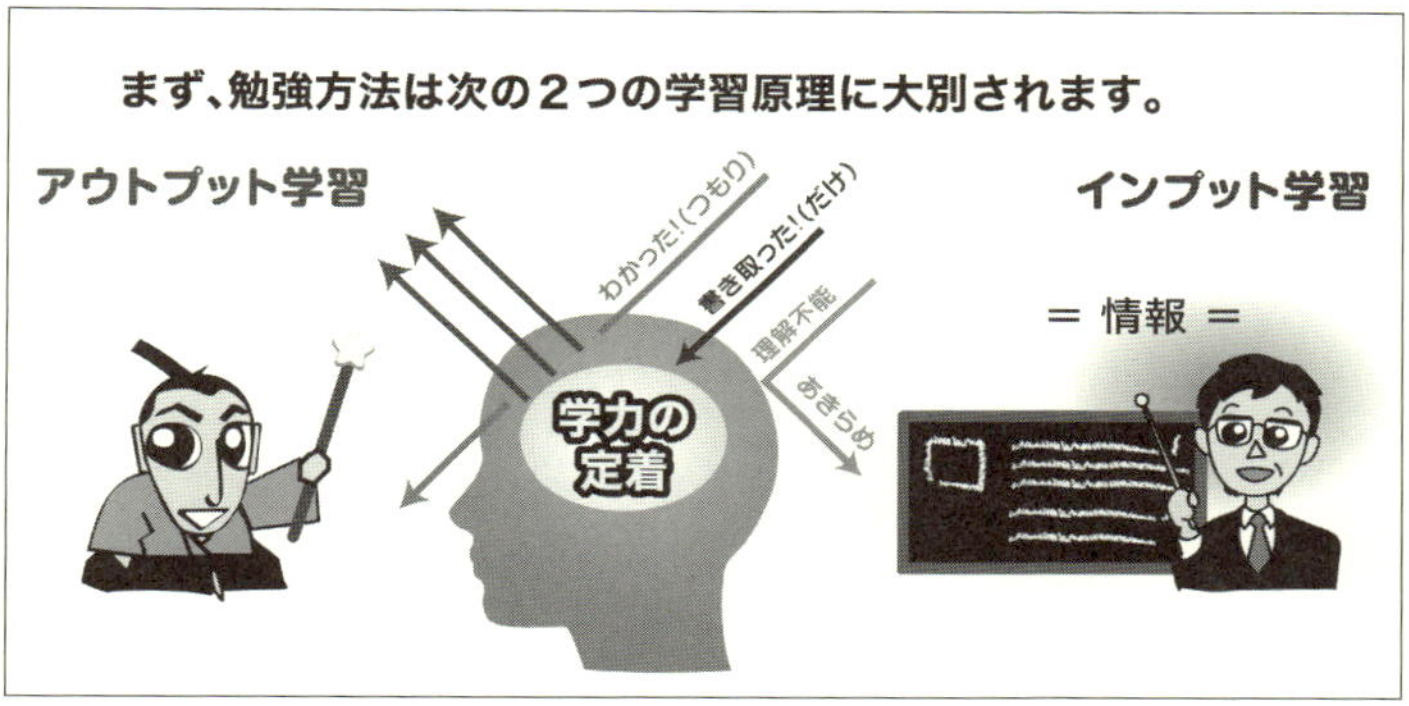

「アウトプット学習」と「インプット学習」

練習問題を解くことも、アウトプット学習の一つ。算数や英文法の学習で先生の説明を聞いたり、教科書の説明を読んだりしただけで内容は定着しません。練習問題を解いたり書いたりして身につける作業が必要なのです。

しかしながら学校教育では、このアウトプット学習があまりにも少なすぎるのが現状です。

もちろん、学校で解く練習問題で十分な子供もいます。ただし、それだけで完全に内容を習得できるのは、全体のせいぜい二〜三％程度でしょう。たとえ塾に通っていても、集団指導方式では各単元の解説が中心になりますから、やはり練習問題は足りません。塾で解く練習問題で十分という子供は一〇％程度でしょうか。

アウトプットし学習効果を高める

「塾に行かせて、それなりに勉強しているはずなのに成績があがらない」のは、アウトプット学習の不足に原因があることが多いのです。

私も三十数年間、個別指導塾で生徒を指導してきました。その中には学力が伸びず、現状維持が精一杯という生徒もかなりの数いました。教育のプロとして様々な工夫を凝らしながら指導していたにも関わらずです。しかしほとんどの場合、単元をきちんと理解しているかを確認し、練習問題を増やすことで解決できました。

「ショウイン式」では、まずノート学習から進め、解き方を自分のペースで理解します。

次にコンピュータに向かって自分で考え暗記したことをアウトプットし、コンピュータが正誤を瞬時に判定します。頭にインプットしたものをすぐにアウトプットする。この無機質なキャッチボールが、学習効果を最大限に引き上げてくれる秘訣なのです。

膨大な時間を費やして学校や塾で授業を受けたにもかかわらず学力が定着していない子供と比べて、コンピュータで学習している子供は学習時間に比例して学力が向上していくのも当然なのです。

できる子は先に進ませる

できる分野はどんどん先に進め、できない分野はじっくり自分のペースで進めるための仕組みが「ステップアップ学習」です。

コンピュータでは各単元を十〜二十のステップに細分化して階段状に難易度を配列し確実なステップアップを図っています。レベルごとの正答数によって「進む」「もう一度」「戻る」をナビゲートします。常に自分の学力レベルで学習を進めるため、確実に力がついてきます。

また、レベルごとの解答を自動的に記録し、間違った解答を「弱点」として判断します。この弱点を即時復習でき、正解を出すまで次に進めない仕組みになっています。各単元には画像や動画、アニメ授業などで効果的なタイミングで情報が得られ、楽しく学習を進められます。さらに中学生でも小学生の基礎単元を復

3W理論で緻密な脳力開発を実現する

ショウイン式のシステム徹底解剖

ぐんぐん伸びる、ステップアップ学習の仕組み

「わかった!」を実感でき、自立学習が上手になります!


できる分野はどんどん先に進め、できない分野はじっくり自分のペースで進めるための仕組みです。

各単元を10～20のスモールステップに細分化して、階段状に難易度を配列して確実なステップアップを図っています。

レベルごとの正答数によって、「進む・もう一度・戻る」をナビゲートします。

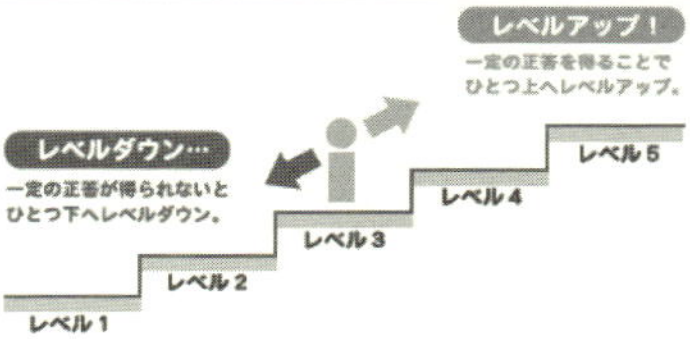

わかるまでくり返す、弱点チェックの仕組み

見えない学力が、見える学力に変わっていきます!


繰り返し挑戦することで、苦手意識を克服しましょう。

レベルごとの解答を自動的に記録し、間違った解答を弱点として判断します。

弱点バスターモードで、弱点箇所を即時復習ができます。正解を出すまで次に進ませない仕組みになっています。

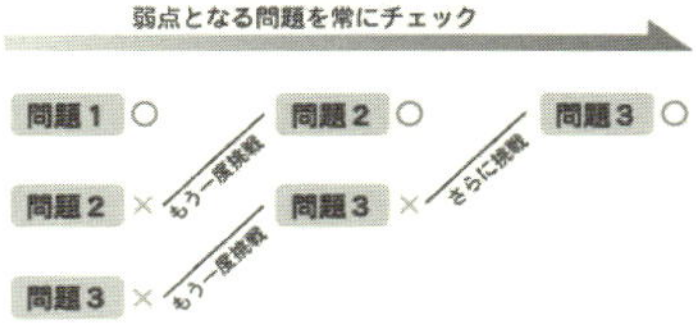

計算問題のランダム出題機能

たくさんこなして、計算力を鍛えます!

算数・数学は同じレベルに、数値が違う問題を20問題内蔵しています。これをランダムに出題しますので、計算力がぐんぐん身に付きます。

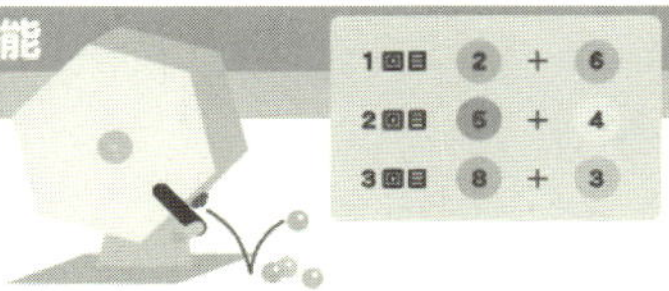

習する機会があります。逆に小学生が中学生の先取り学習をすることもでき、小一から中三までの全科目（算・数・英・理・社・国）を制限なく学習できます。

「コーチング」による指導術

いままでは「ショウイン式」を用いた学習方法のうち「教＝スキル」に関する部分を中心に紹介してきました。ここからは、「育＝ハート」に関する指導法について話をしたいと思います。

吉田松陰は松下村塾への入塾を希望する若者に「何のために勉強するのか」と尋ねました。学んだことをどう生かし、これからの人生をどう生きていくのかを自分で考えさせる。こうしたやり方は現在「コーチング」と呼ばれるコミュニケーション手法として知られています。このコーチングは「ショウイン式」でも積極的に活用しています。ぜひ、多くの方にも理解していただき、子供の教育や生活指導に生かしてほしいと思うのです。さっそく、具体的なコーチングの手法についてご紹介していきます。

まず「子供は勉強をするという行為が、基本的に嫌いなものである」ということを頭に入れておきましょう。子供はゲームなどの遊びは進んでやりますが、勉強や手伝いなどはなるべく避けたいと考えています。

ただ、こうした心理は大人でも同じことです。映画を見たり、ドライブをしたり、あるいは趣味を楽しんだり、ということには積極的になれても、大掃除をしなければならないとか、仕事でミスをしてお詫びに行かなければならないといった義務的行為になると、途端に腰が重くなってしまいます。

自分だってそうなのに、子供の行動をコントロールしようとして「批判する」「責める」「文句を言う」「ガミガミ言う」「脅す」「罰する」……などの行為を取ろうとしていませんか。

ほとんどの親御さんは、このような外的コントロールで子供の心や行動を変えられる、いや変えなければならない、と信じ込んでいます。その結果、親子のコミュニケーションが行き詰まり、お互い不愉快な思いをしてストレスを抱え込む。最近増えている引きこもりも、こうした親の態度に原因がある場合が少なくありません。

一時的に強制して従わせたとしても、人間が外的コントロールで変化することはほとんどないのです。コーチングを開始してしばらくの間はうまくいかないかもしれませんが、「人間は自らの考えで行動する時、最大限の力を発揮することができる」ことを信じて、粘り強く取り組んでほしいと思います。

質問によって相手から回答を引き出す

コーチングは、コミュニケーションの技術です。質問することによって、相手から回答を引き出す。本人の中にある回答、既に理解しているのに本人がまだ気づいていないことを、質問によって引き出していく技術です。

ですからコーチングをする人は必ずしも相手の関わっている分野について深い知識を持っている必要はありません。相手がスポーツ選手であってもコーチングをする人はその競技の素人で構わないのです。

ですから親御さんは安心して、我が子のコーチに就任することができるのですが、質問する際の言葉の選び方が上手な人と、そうでない人がいることは事実です。そこでコミュニケーションスキルを手っ取り早く高める方法として、「ご自身との会話」をおススメします。

皆さんにも日常生活において、あと一歩が踏み出せない「何か」がないでしょうか。規則正しい生活への一歩。禁煙への一歩。無駄遣いを減らすための一歩……。このように自分が問題だと感じている事柄に対して、自分自身で問いかけるのです。

「どうして○○してしまうんだろう?」
「どうして○○できないんだろう?」

最初のうちは、自分の中から何の答えも返ってこないかもしれません。ですがやがて回答らしきものが心をよぎります。自分と自分の会話ですから、最初はハッキリした言葉で思い浮かばなくても、遠い昔の記憶が蘇ったりするなどの形で回答に近いイメージが自分の中で浮かんでくるはずです。

こうしたトレーニングによって得られるものは、たくさんあります。

まず、適切な質問の技術を自分を実験台にして磨いていけるということ。

次に、質問に回答を出すことが意外と大変な作業であることがわかります。

もっとも回答がすんなりと出てこないのは当然で、回答が出たときには半分以上、事態改善の取り組みが終わったとさえ言えるのです。こうした気付きがあることで、お子さんへのコーチングでも「待つ気持ちが大切」であることを実感してもらえると思います。そして自分の問題点を見つめることで「相手と同じ目線に立つ」ことができるようになります。

コーチングの三大原則

コーチングとは、質問を通して相手の中にある回答を引き出す、ということをまずご理解いただけたと思います。ここでコーチングの三大原則をご紹介します。

一、答えは本人（子供）が持っている
二、本人は、問題を解決する能力を持っている
三、本人から答えを引き出す過程がコーチングである

この三大原則に沿ってコーチングを行えることができれば、あなたも立派なコーチ役といえます。でも、具体的に何を質問すればいいのか……と思う方もいるでしょう。コーチングの「マジックワード」は次の三つです。

一、なるほど（受け入れ）
二、何をすればいいと思う？（問いかけ）
三、○○なら大丈夫だよ（励まし）

基本は「何をすればいいと思う？」を連発すること。そして「なるほど」と受け入れ、「大丈夫だよ」と励ます。コーチングの基本テクニックはこれだけでよいのです。あとは最後にひとひねり、「いつごろまでに、何をどこまでできるかな？」と目標達成までの期日を考えさせ、決定させれば大成功です。どのように会話を進めるか、モデルケースを見てみましょう。

「○○は何したらよいと思うんだい？」（問いかけ）
「なるほど」（受け入れ）
「それは良いアイディアだね」（励まし）
「でもそうすると、こういう問題が出るかもしれないよね？」（別の観点）

「それについては、どう考えたら良いかな？」（問いかけ）
「なるほど、その通りだね」（受け入れ）
「いい案だ。それじゃ、○○の考えた通りで行こう」（励まし）
「じゃあ、いつまでにできるかな」（問いかけ）
「わかった。期待しているよ」（受け入れ・励まし）

いかがでしょう。「質問」から始まり、それに対する相手の回答を「なるほど」と受け入れ、励ます。

問題点があると思えばそれを指摘し、さらに「質問」していく。この繰り返しです。

特に「受け入れる」「励ます」の部分が非常に重要で、逆に「でも……」「それは……」「絶対……ない」などの否定的な言葉は、口にしないようにしましょう。

そして「ダメじゃないの！」を「○○は何をすれば良いと思っているの？」に言い換えてみましょう。「ちっともやらないんだから！」「△△をしなさいって言ったでしょう！」を「いつごろまでに、何をどこまでできると思う？」に変えるのです。最初のうちは努力が必要かもしれません。否定的な表現がどうしても出てしまう場合は、機械的に「なるほどね」を連発することです。

外部から強制された行動は苦痛を伴います。しかし自ら選択した行動は人間をハッピーにします。「ヘンなこと約束しちゃったな」と思っても、命じられた時のように苦にはならないもの。同じ行動をとっていても、それに至るまでのプロセスの違いで、精神状態や意欲に雲泥の差がでます。

コーチング開始の第一歩

当然のことですが学力をつけるには、それなりの努力が必要です。では子供にとって、その努力の原動力となるものは何なのか。コーチングを始めるにあたって、親子で一度、そこから考えてみてもよいかもしれません。

「努力の原動力になるものなんて考えてみたこともなかったし、答えなんて想像もつかない」

コーチングを開始される親御さんのほとんどが、そうおっしゃいます。ですが忘れてはいませんか、コーチングの三大原則を。

答えは子供自身が持っているのです。親はそれを質問によって引き出してあげれば良いのです。

そのための第一歩は、子供に「勉強する目的ってなんだろうね?」と問いかけること。子供に自ら考えさせることが大切なのですから、親の考えを押し付けてはいけません。ひたすら「どうしてそう思うの」「それはどうしてかな」と、質問していくのです。

この時点で明確な回答が出なくても、あまり深追いする必要はありません。「勉強にはどんな意味があるんだろう」と考え、対話する時間を親子で共有することに意義があるのです。勉強のコーチングに踏み出す前にこのステップを踏んでおくか否かで、後々大きな差が出てきます。ぜひ「どうして勉強するんだろう」という問いからコーチングを開始してみてください。

冒頭に紹介したように「ショウイン式」ではこのプロセスも導入しています。親子で「勉強のスケジュールを話し合って決め」「実行することをコーチングの手法を使って子供に約束」させたら、あとは親御さんには「できたらほめる」「子供を信じて励ます」という姿勢で見守っていただいています。

長い目で見守る

コーチングをするうえで、性急さは禁物です。

成果には見えるものと、見えないものがあります。実力はついているのに成績としてすぐには反映されない場合も多くあるのです。コーチングを始めてもしばらくは、何ら良い結果が得られないように思える時期が続くかもしれません。しかしそこで「勉強しなさい！」モードに逆戻りしては、コーチングに着手しな

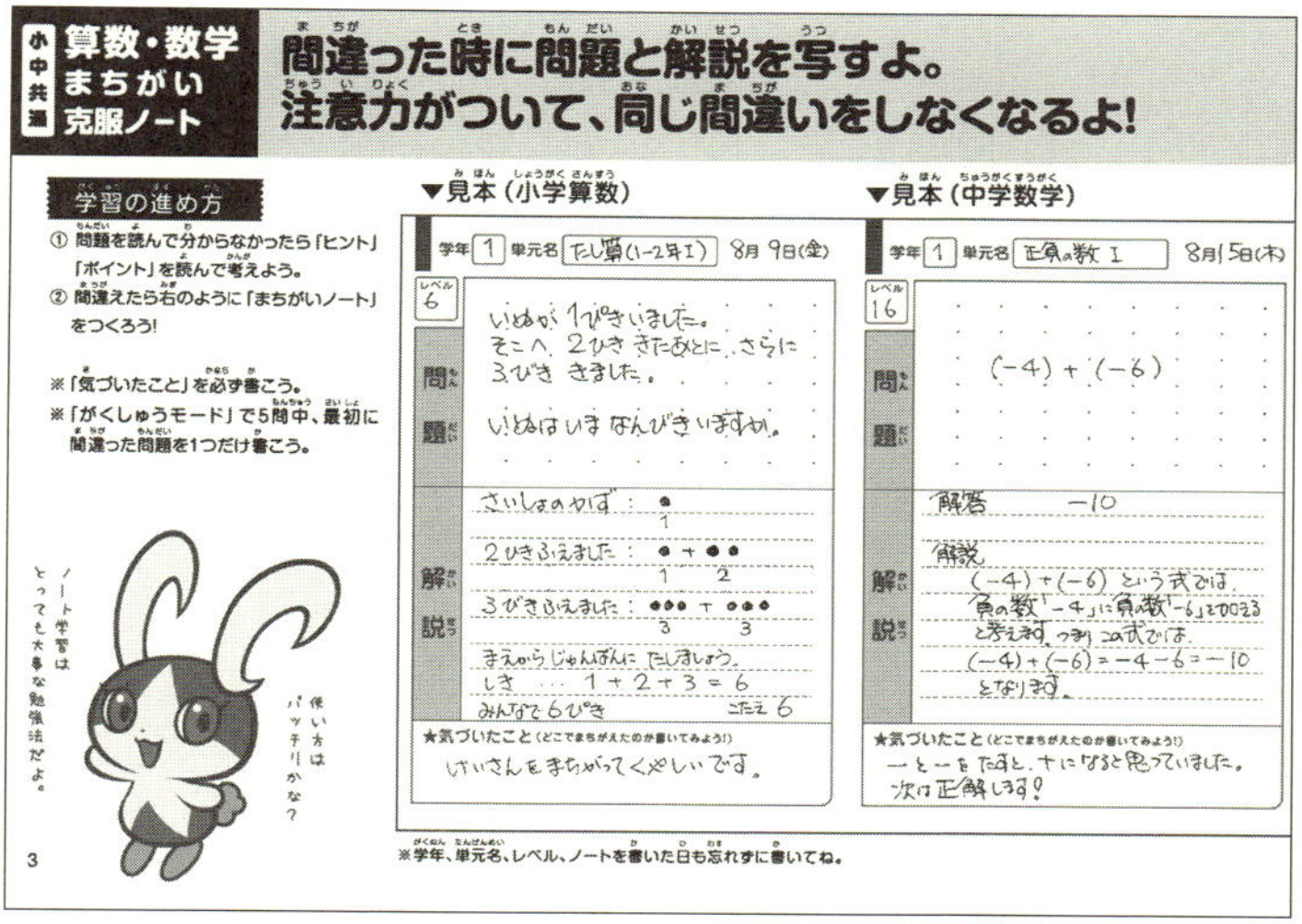

どうしてノートに書き写すのか、目的をはっきりさせる

かった時よりも、事態は悪化します。

「コーチングを始めたのに、子供が結果を出さない」と苛立ちを感じる時は、こう考えてみてください。

「私は自分が信じられないのだろうか」

「私はわが子を信じられないのだろうか」

自分のコーチングに自信がないから、大輪の花が咲く日を待てないのかもしれない。あるいはわが子の能力を信じていないから、豊かな収穫が得られる日が来るとは思えないのかもしれない。こんな自信のなさが、子育てを難しいものにしているのです。

コーチングの初期は特に、目先の点数に振り回されないようにしましょう。

勉強しろと言わない

ここまでコーチングの心得や基本は理解をしていただけたと思います。ここからは応用編ということで少し補足したいと思います。

少年野球のコーチが発する言葉に、「ボールをよく見て振れ」というものがあります。気持ちはわかりますが、少なくとも野球好きな子供が、全くボールを見ないでバットを振っているはずがありません。「よく見て振れ」と言われても、心の中で「見ているよ」とつぶやくのがオチです。

もちろん彼らは実際のところボールをよく見ていません。だからコーチもそう言うのです。しかし、本人は見ているつもりなのですから「よく見ろ」と何度叫び続けても、状況が改善されることは、まずないでしょう。

しかしこれを「ボールがどういう回転をしているかに注意しろ」と言ってみてはどうでしょう。直接「ボールをよく見ろ」とは言っていませんが「ボールの回転を見ようとする」ことで、「ボールをもっとよく見る」結果に導かれることになります。

勉強も同じことが言えます。「勉強しろ」といくら言っても、子供は「やっているよ」と反駁するでしょう。あるいは「どういうふうにすればいいんだよ」とつぶやいているかもしれません。「学校や塾で席に座って、先生の話を聞くのが勉強」と思っているとするならば、家で親から「勉強しろ」と言われても何をどうすればよいのかわからないのも、ある意味当然のことです。

私たち大人は義務教育、その後の様々な教育をくぐり抜けてきた身ですから、どういうふうに勉強するか、あるいは、どう勉強すればよかったかを知っています。しかし、子供たちは知りません。「勉強しろ」とだけ言うのではなく、「どう勉強するのか」を指摘してあげるべきなのです。

親が力を入れるべきこと

学習塾講師の経験から実感したのは、学習には二つの要素があるということでした。繰り返しになりますが、「ハート」と「スキル」です。

ハートとは勉強に対する心構えや姿勢といった「心」に関係する部分、そしてスキルとは効果的な学習方法といった技術的な部分です。このうちスキルは単なる技術ですから、訓練次第で誰でも熟練者になることができます。しかし感情が絡んでくるハートをコントロールすることは難しくなります。

コンピュータを使う学習塾の成功によってティーチング（教）とコーチング（育）を分けることが効率的な学習指導法であることがわかりましたが、それはコンピュータを間に入れることで両者を分けることができたからです。すなわち、技術を習得する場合には感情（ハート）を絡ませない方がよく、心を導くには技術の習得と切り離してコーチした方がよいのです。

つまり、子供たちの「なぜ勉強しなくてはならないの?」という質問は〝ハートレベルの問いかけ〟であるのに対して、「勉強しなさい」という言葉は〝スキルレベルの命令〟になっているのです。当然、話がかみ合わずにお互いが消化不良になってしまいます。親が力を入れるべきは、しつけや人間教育といった「ハート」教育であり、その部分を突破できれば、あとは勉強方法などのスキルの問題なので成績を伸ばすことは難しいことではありません。

冒頭で「なぜ、勉強をするのか」を考えるべきだと話しましたが、この「ハート」の部分をしっかりと安定させるためなのです。

徹底してほめる

子供のやる気を引き出すもっとも効果的な方法は、励まし、ほめること。親がほめ上手ならその子供は伸びると断言できます。

「子供をほめるのが大切なことはわかっているし、ちゃんとほめていますよ」とおっしゃる方は多いのですが、親がほめているつもりでも、子供は「ほめられている」と受け取っていないこともあります。

たとえばテストで七十点取ってきた時、「えらいね、よく頑張ったね」とほめる。次いで「今度は九十点を目指して頑張ろうね！」と励ます。こんな会話をした覚えはないでしょうか。ほめ、かつ激励したつもりかもしれませんが、これでは子供はほめられたとは感じません。むしろ七十点では不十分で、九十点取ってこいとお尻を叩かれたように受け取ります。

それでは「ほめ上手、励まし上手」の親になるには、どうしたらいいでしょうか。ポイントは二つです。まず一つは子供を見る目を「プラス思考」にすること。悪いところばかりを探して「ダメじゃないの」と否定的な言葉を連発するのではなく、良いところを探して評価する。そういう発想の転換をするだけで子供に自信を持たせ、やる気を引き出すことができます。

二つ目のポイントは「タイミングよく、思いきりほめること」。ほんのちょっとしたことでも子供がよい言動をとったら、間髪を入れずほめる。それも針小棒大にほめあげることです。吉田松陰が「天下一」「防長随一」と弟子をほめ讃えたように、七十点を取ってきたらお祝いのパーティーでもしかねないほどに喜んでみせる。子供が「大げさすぎるよ」と照れるくらい、心からほめてあげるのです。

ほめられて嫌な気持ちのする人はいません。子供は「次回はもっと良い点をとって、もっと喜ばせよう」と考えるようになります。「やらされる」という意識のある時と、自分で「やってみよう」と思って取り組む時とでは、集中力に大きな開きがあります。子供のやる気を引き出すには、日頃の言動を注意深く見守る観察力と、ほめる心掛けがあれば十分なのです。

勉強だけがすべてと思わない

勉強には「やらねばならないことは、自分の責任でキチンとこなす」習慣や「一定の時間、集中力を持続させる」能力を身に付けるという側面があります。こうしたことは成績を上げること以上に、子供たちが勉強を通じて学ぶべき重要なことです。

もちろん、こういう能力を身につける唯一の方法が勉強というわけではありません。スポーツや音楽、クラブ活動に熱中することを通して責任感や集中力を得ることもできます。

義務教育は確かに必要ですが、勉強を絶対視するのは考えものです。点数をつけていけば必ず最下位がいますが、その子が他の分野で開花することもあります。要領のよい子もいれば不器用な子もいて、向き不向きは誰にでもあります。そうした中で、子供がやるべきことをキチンとこなし、何か一つでも集中して取り組めるのであれば、それで十分ではないでしょうか。

勉強は人間として生きていくために必要な能力を磨くための、一つの手段でしかないのです。「何のために勉強するか」。そのことをよく理解していれば、テストの点数はおまけみたいなものです。勉強でよい点を取らせることを〝究極〟の目標にすべきではありません。

第四章　家庭でも使える「ショウイン式」のノウハウ

成績は一週間で急上昇する

前の章では、「ショウイン式」を用いた学習方法と、子供の学力を向上させるための「コーチング」についての考え方、それをうまく活用するためのスキルなどを紹介してきました。

本章ではそうしたコーチングの考え方をふまえ、効率的に学力をアップさせるために役立つ「学習の常識・非常識」について取り上げ、家庭学習の在り方を一緒に考えていきたいと思います。

最初に「どのくらい継続して勉強すれば成績が向上するか」という問題を考えてみましょう。

サプリメントでも「最低三カ月間は続けてください」などと言われるように、一つのことが定着するまでにはだいたい九十日という期間が一つの目安になりそうです。新しい環境に慣れるのも体質を改善するのも三カ月をめどに効果が実感できるのは、人間の細胞が生まれ変わるサイクルが九十日であることと関係があるのかもしれません。

しかし、こと学校の成績に関しては九十日も必要ありません。一週間で十分です。

学校の成績は主としてテストで判断されますが、一つの単元がそれほど量もない小中学生の場合、試験一週間前に頑張れば十分です。もちろん「一夜漬け」的な意味ではありません。普段から勉強する習慣を身につけ、集中力を養っていることが大前提です。また勉強の習慣がなくても、スポーツなどで集中力を身に付けている子供は、受験などの大きな目標を目前にすると、短期間で驚くような伸びを見せる場合があります。

「やる時はやる」という高度な集中力さえあれば、大学受験であっても、三カ月もあれば十分と言えます。

一夜漬け的な勉強では、本当の実力は身につきません。しかし集中力を発揮して短期間で一つひとつ目の前にある目標をクリアするという「成功体験」を積み重ねていくことは、子供にとって大きな財産となります。「集中力さえあれば一週間で何とかなる」と、さりげなくお子さんに伝えておくとよいでしょう。

そして実際に子供が成果を上げたら満点でなかったにせよ、「すごいじゃない」と思い切りほめてあげることです。

勉強は「頑張らない、頑張らせない」

「勉強は頑張るもの」とお考えの方が多いかもしれません。しかし、この「頑張る」という言葉は、場合によって相手を緊張させてしまうことがあります。

例えば、「明日のピアノの発表会、頑張れよ。大切なお客さんがたくさん来るんだから」なんて言われたら、「大切なお客さんが来るんだ。私の責任は大きい」と思うでしょう。そして「頑張らなくちゃ！」と負担を抱えこんでしまいます。適度な緊張感は必要ですがストレスに負けてしまう場合もあり、頑張ろうと思うことが必ずしもプラスに働くものではありません。

勉強はよくマラソンに例えられます。一〇〇メートルを走る勢いで、四二・一九五キロは走れません。勉強もゴールをめざしてコツコツと続けてこそ意味があります。

最近の脳の研究からも、「人が持てる力を最大限に発揮できるのはリラックスしている時」と言われています。中学までの勉強なら、いつでも引き返して学び直すことができます。特に真面目な性格の子供の場合は、あまり頑張りすぎない、頑張らせないくらいで、ちょうどよいかもしれません。

楽しく勉強すると伸びる

「勉強はわかるようになってくると楽しくなる」と言われますが、「楽しく勉強するから、わかるようになる」のです。勉強は長く続けることが大切です。長く続けるためには、やはり楽しくないといけません。嫌なことは続かないからです。では、どうしたら勉強が楽しくなるのか。実はとても単純なことです。「勉強好きにしてしまう」のです。多少説明を加えると「子供の好みに合わせた学習機会を与えてあげる」のです。

好きな先生が教える科目は、好きになって得意になったという経験をお持ちの方がいるかもしれませんが、これと同じ発想です。コンピュータやゲームが好きであれば学習ソフトを利用すると効果的ですし、身体を動かすのが好きなお子さんなら山に登って植物や動物を観察し、歴史や文化に興味があるようなら文化遺産を間近で見るなどの方法が考えられます。

ここで大切なことは「先生の話を聞くだけが勉強ではない」ことを子供たちに伝えることです。自分で調べて発見する、理解する喜びをサポートしてあげるのです。

「継続は力なり」と言いますが、勉強においてはもう一つ発展させて「楽しさは力なり」と言えます。

夕食前に勉強するとなぜよいのか

学校から帰って一度仮眠をとったあと遅い夕食を摂り、それから風呂に入って深夜に宿題や勉強をする子供がいます。特に部活動をしている子供によく見られる傾向です。

しかし、これはあまりほめられたやり方でありません。健康にもよくありませんし、仮眠を取ると頭がぼんやりして、集中力の回復に時間がかかります。また夜中まで起きていると、次の日に学校で眠くなってしまいます。

そこでおすすめしたいのが「夕食前にその日の勉強をする」習慣です。

夕食前に勉強する人はあまりいないので、同級生と差をつける意味でも有効なのですが、何よりも勉強のリズムが生まれます。

午後八時以降は面白そうなテレビ番組も増えてきますが、夕食前に勉強に手をつけておくとテレビの誘惑に勝つための「けじめ」が自然と生まれます。いきなり夕食前の勉強が難しいならば、ノート整理や明日の準備からはじめるようにすると良いでしょう。とにかく「けじめ」の習慣化が大切なのです。

夕食前の勉強、ぜひ、お試しください。

ノートをぜいたくに使う

テーブルやデスクの上、バッグの中などは、その人の頭の中を反映していると言われます。ごちゃごちゃしていて、何がどこにあるのかわからないデスクやバッグの持ち主は、思考も整理されていないというわけです。

勉強の場合でも、ノートを見れば子供の精神状態や性格を知ることができます。ノートは頭の中を整理する道具だからです。ノートの中身がぐちゃぐちゃしている子供は、頭の中も整理されていません。あと少しというところで余白が足りなくなり脇の方に小さく書き込む子供は、計画性がないか、思いきりが悪いかのどちらかです。

このようにノートをきちんと使えないと成績の向上は見込めません。そこで、ノートのとり方をまとめておきます。

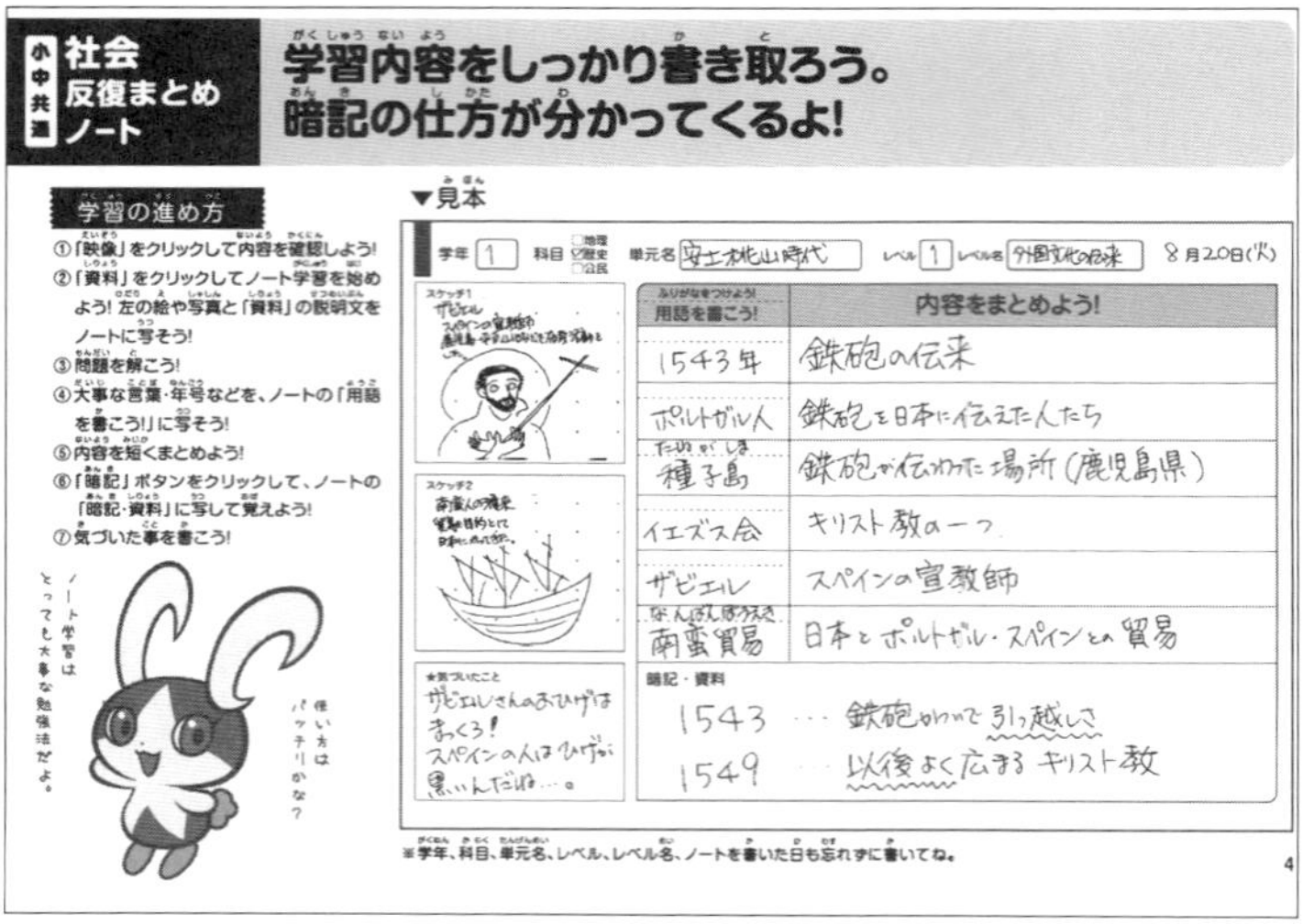

「ショウイン式　社会の反復まとめノート」

まず、ノートはぜいたくに使うことです。

ここで言う「ぜいたく」とは、紙面に余裕を持って使うことを意味しています。

一行あたりの幅の狭いものよりも、広いものを使う方が良いでしょう。もしくは幅の狭いノートを一行あけて使い、大きな文字ではっきりと書く。

その際、文字の乱雑さを気にすることはありません。むしろていねいに書こうとして、ノートをとりきれない方が要注意です。問題を解く際には、問題と問題の間をしっかりと（指一本分を目安に）あけることも大切です。

次に、新しいページには「日付」「科目」「単元」を書くことです。あとで見直すときにわかりやすくなりますし、学習内容についての頭の整理にもなります。ノートを広く使うことで考えながら書く習慣が身につき、整理して書き留めることで、思考も整理されていきます。子供が主体的にノートをとるようになるまでは、ノートをぜいたくに使うことを指導してみてください。

消しゴムを使わない

勉強では消しゴムを使わないことも大切です。「それじゃ、どうやって間違ったところを消すの？」と疑問に思われるかもしれません。しかし本来、勉強とは「間違ったところを認識し、やり直し、身に付けること」ですから、まずはどこを間違ったのか認識することが必要になります。消しゴムを使うと、どこを間違えたのか、という大切な記録を消去してしまうことになります。

そこで間違ったところには大きくバツ印を書いて、その横にもう一度正しく書き直すとよいでしょう。こうすると、どこで間違えたか後からもわかりますし、バツ印を見ることで間違ったときのことを思い出し、より記憶が深まります。またノートにシワがよったり破れたりすることも減り、何よりも消す時間を節約できます。消しゴムを使うのはわずかな時間かもしれませんが、チリも積もれば山になります。

たかが消しゴム、されど消しゴム。消しゴムの使い方を少し見直してみてはいかがでしょうか。

ミニ定規を使う

鉛筆、消しゴムとともに勉強道具として欠かせないのがミニ定規です。ミニ定規は、積極的にどんどん使う人と筆箱に入っているのにまったく使わない人に分かれる道具ですが、有効に使えば学習効果を高めることにつながるのです。

具体的な活用例としては、日ごろから、計算式や分数の式、図形などはミニ定規を使って書くようにするのです。たったこれだけのことで、位取りがきちんと書けるようになります。ミスの多くは位取りのズレよるものなので、計算ミスの防止になるのです。

また、定規を使ってきれいな線を引く習慣をつけることで、何事にもていねいに取り組める能力が身についてきます。ていねいにものごとに取り組めるようになると、じっくりと考える習慣も身についてくるため、結果として思考力を高めることにもなります。

ミニ定規には、長さを測る、線を引くという使い方以外にも、こうした使い方をすることで、成績アップにつながっていくのです。ぜひ、ミニ定規を積極的に利用してノートをとるようにしてみてください。

暗記は体を使って

暗記が苦手な子供は少なくありません。ただ、小中学生の脳の働きがいちばんよいことも事実です。では、どうすれば暗記力を高めることができるのでしょうか。

暗記ものは「目で暗記する」と思っているなら、考えを改める必要があるでしょう。見て覚えたつもりでも、いざ書こうとしてみると案外出てこないことは多くの方が経験していることではないでしょうか。

暗記で重要なのは「身体で暗記する」、すなわちできるだけ多くの感覚器官を使って覚えることです。目で確認したあと口に出して唱え、それを耳で聞きながらノートに書き留める。視覚、聴覚、触覚をフル活用するのです。特に手を使うことが重要です。とにかく書くこと。書くことで脳に刺激を与え、記憶として定着します。

漢字、地名、人物名、年号、英単語など、すべて白紙の用紙に書きまくる。教科書を見なくても書けるようになるまで繰り返し書く。まずは教科書の太字で書かれている用語から、身体を使って暗記するようにアドバイスをしてみてください。習慣化できれば、記憶力は飛躍的にアップすることでしょう。

第五章　魂を育てる教育

「足るを知る」子供に育てる

多くの親たちがわが子に望むのは、自身の能力を生かして社会に貢献し、充実した人生を送ってもらうことではないでしょうか。そのために必要な知識、集中力、判断力、自立心を養わせる。これが本来、勉強の目的であり、成績を上げるというのはあくまで二次的な目的でしかありません。

本章ではまとめとして、目先の成績だけに惑わされることなく子供を育てるために、心に留めておいてほしい事項をまとめてみました。

『論語』の中に、

「悪衣悪食《あくいあくしょく》を恥ずる者は、未だ与《とも》に議《はか》るに足らず」

という言葉があります。

「粗末な衣服や食事を恥ずかしく思っている人とは、道徳や修養について一緒に語り合う値打ちがない」、つまり衣食住に関しての贅沢はキリがないということですが、物質文明の発展に伴ってこの傾向はますます強くなっています。

私たち親世代と比較しても、今の子供の周りには物があふれています。しかしながら本来、子供には衣食住への強いこだわりはありません。大人の見栄や過度な愛情が、時にこの本質を変容させているのです。

いつでも何でも物が手に入る環境にしておくことは、子供にとって幸せなことのようですが、実は子供を不幸にしてしまう要因にもなります。そうした子供は往々にして、田舎の素朴な宿に連れて行くと部屋の清楚さをみじめさと取り違えて駄々をこねたり、山菜料理だけではご飯が食べられないと文句を言ったりします。

『老子』には「知足」（たるをしる）という言葉があります。「足るを知る者は富む」という言葉からきたもので〝みずからの分をわきまえてそれ以上のものを求めないこと〟〝分相応のところで満足すること〟という意味です。衣食住に関して質素であることは、何物にもこだわらない自由な人間をつくりだします。ぜひ、子供のしつけに反映してほしいと思います。

言葉づかいは厳しくただそう

最近、学校で先生と生徒の会話を聞いていて驚き、不安になったことがあります。先生に対する子供たちの言葉づかいが、まるで遊び仲間に使うようなものだったのです。先生も特に気にする様子でもなく、とがめる風でもありませんでした。

別の機会に先生にそれとなくお伺いしたところ、「学校で言葉づかいまで教えようとすると、親からいろいろ口をはさまれ非常にやりにくく、教科書を教えるだけにとどめています」とのこと。学校は勉強だけを教える「塾」と化してしまっているようです。

言葉づかいはまず家庭で親が教え、学校では先生が教えるものだと思います。子供がどんな言葉を使っているかを聞けば、親のしつけの程度がわかります。

子供可愛さゆえに、子供に幼児言葉を使う家庭がありますが、結局のところ親が子供に甘えているだけです。相手の立場をきちんとわきまえた言葉づかいを子供に教える必要があると思います。それにより子供は基本的な礼節を体得するのです。

競争心と嫉妬心

競争する心は強い心であり、嫉妬する心は弱い心です。強い人間に育てようと思うなら、競争する心を培うことを意識すべきです。

子供は好むと好まざると、生まれながらにして過酷な競争社会に参加しているのです。勝つことだけが目的ではありませんが、勝とうと努めることは意欲的に人生を生き抜くためにも必要なことだと思います。

子供は、もともと競争心や敵愾心、そして嫉妬心に富んでいます。この心をさらけ出せるところは、学校ではなく家庭なのです。その時に子供の嫉妬心を競争心に替えるには、家庭において努力の尊さを教えるほかありません。親の虚栄心や嫉妬心から他人と我が子を事あるごとに比較すれば、子供にも妬む心が増幅されてしまいます。

友人がよい成績を納めたり、成功を成し遂げたりした時には、その子の努力による結果であることを教えるべきです。さらに我が子にも、それ以上の可能性があることを説き、心から信じ励ますことです。

競争ですから負けることもあるでしょう。しかし挫折のない人生はありません。挫折を克服する勇気、強い心を育むことが何より大切なことだと思います。

怖さを知る

子供の頃、親や先生がとても怖かったという記憶はないでしょうか。親にちょっとした嘘や言い訳をしただけで、目から火花が出るほど殴られたという経験がある方もいらっしゃるでしょう。自分の行為に対する善悪を、身をもって知らされたものです。

先生によっては近づくだけで怖さを感じることもありました。敬語を使って話し掛けるのは当然で、同級生をたしなめる時に「先生に言いつけるぞ」という言葉はずいぶんと効果がありましたが、今ではこの「怖い」という感覚がなくなってきているような気がしてなりません。

「怖い」という感覚の中には畏敬・尊敬・厳しさというものが入っていました。子供の頃の「怖い」には「親が見ている」「先生がどう言うか」という「目上の人」の圧倒的な存在感がありました。人間は怖い存在があって、はじめて自分で律し、自分を大きくしていくことができる。そしてこの怖さを経験することが学習の一つでもありました。不登校や学級崩壊などの根底には、この「怖さ」の欠如があるように思います。

「本物の優しさ」とは厳しさの上に存在するものであり、「偽者の優しさ」とは甘さの上に存在するものです。子供が善悪を判断する機会を捉えて、正しいことは正しい、間違っていることは間違っていると毅然とした態度を示すことが親として必要なことだと思います。

続ける力を育てる

「今度のテストで百点とれたら、お小遣いを増やしてあげるよ」

こんな会話を子供にしたことはありませんか?

短期的な目標を与えることは、間違いではありません。一時的に集中して勉強し、その結果よい点をとることもあります。しかし長続きはせずに元に戻ってしまうケースが大半であるという事実は否定できません。

「やればできる」にも関わらず、続けることができないのです。大人は「やればできる」ことは過大評価しますが、「続けてできる」ことへの評価はそれほど高くありません。「やればできるのだから、そのうちなんとかなるだろう」と考えてしまうのです。

しかし「継続は力なり」という諺もあるように、続けて努力できる能力は、他のどんな才能にもまさる大きな力なのです。しかもこの力は先天的能力ではなく、生活の中で獲得されていく力なのです。

それではこの持続力を家庭でつけるには、どうしたらよいのでしょうか。

一つは、親と約束したことを守らせることです。「自分の食べたものを台所にもっていく」でも「学校から帰ったらすぐに自分のカバンは机の上に置く」でもかまいません。そして「よくできた」なら肯定的な言葉をかけ続けることです。

さらにこれを「机に座る習慣」につなげていく。初めのうちは机でマンガを読んでいても、絵を描いていてもかまいません。とにかく決まった時間に机に向かう習慣をつけることです。

机に向かう習慣は高校生になってからでは、まずつきません。小中学生の間につけることが大事なのです。こうして持続する力を身につけた子供と、つけていない子供とでは、将来大きな開きがでてきます。

自立させる

「子供の教育に自信がない」という母親の声をよく耳にします。

核家族化が進み、物質に恵まれ、情報があふれている現代。どう教育していけばよいのか、その方法論も混沌としているのかもしれません。とはいえ教育には昔から変わらない不変の目的があります。それは「子供が自立できるようにしていくこと」です。

日常生活を通して子供は失敗することを経験します。そこで子供に失敗させたくないという親心から、親は自分の失敗した経験や情報を、すべて子供に与えようとします。しかし伝わるのは言葉の情報だけで、体験までは伝わりません。本人が身をもって体験しないとわからないこともあります。

たとえば自転車の運転を覚えるにも口で説明するだけでは、乗れるようになりません。教える親も何度も転んで体で覚えてきたはずです。ある程度コツを教えることで乗れるまでの時間が短縮できても、言葉だけで経験をすべて伝えることはできません。

本当に子供のためを思うなら、最後までは助けないことです。自転車であれば転んで小さなケガをさせながら、大きなケガをしないコツを教えることです。兄弟ゲンカも無理に途中でとめないこと。ケンカをする中で、収め方、謝り方、ケガをしない方法などを自分たちで覚えていきます。

失敗を経験しなければ、教えた知識はいつまでも役に立ちません。情報と失敗した体験がペアになってこそ、子供の自立が確立されていくのです。

「勉強しなさい」と言わない

子供は親のあなたを見ています。

おじいちゃん、おばあちゃんを大切にしていれば、子供は親のあなたを大切にしようと思うはずです。子供に「親孝行をしなさい」と教えても自分が親孝行していなければ、子供は親孝行をしなくなります。逆に言葉で言わなくても、おじいちゃん、おばあちゃんを大切にすることは子供への教育になるのです。

テレビをつけっぱなしにしてゴロ寝しながら、酔っぱらった口調で「おい、勉強しろよ」などと言っても子供たちはそんな姿を見ています。そして、親が見ていないところで親のまねをしてジュースを飲みながら、テレビゲームにでも興じることでしょう。それよりも「なぜ、勉強するのか」をコーチングの手法を使って一緒に考える姿勢を見せる方がはるかに効果があります。

「あなたのためを思って、私はこんなに犠牲になっているのよ」という親の自己犠牲的表現も、効果はありません。そんな親に夢を持てと言われても受け入れられるはずがないのです。

親が自分の人生を一生懸命生きているから、輝いて見えるのです。親が自分の人生を犠牲にして、子供のために何かをするのは間違った教育の仕方です。親が一生懸命生き、親孝行もし、勉強も進んでしていたら、子供はその姿を見て同じように行動します。

親に対する尊敬の念が生まれるのは、親が一生懸命働いて、チャレンジしている姿を見た時なのです。

子供に「ありがとう」を言おう！

親に「ありがとう」を言われたことのない子供は、感謝の気持ちが理解できません。親が「ありがとう」と感謝の気持ちを表現して初めて、子供は親がやっていることをマネしたいと思うものです。それなくして、ただ「親に感謝しろ」といくら言ってもダメです。

自分も親のように振る舞いたい、大人びた格好をしてみたいと思うことは、成長の過程で当然のことです。同じように、親が失敗したときに素直に「ごめんなさい」と言えば子供も「僕が悪かった」と言います。

親が「子供は養ってもらっているのだから感謝するのは当然。親は間違っても謝る必要はない」と思っていると、子供も同じように「親が優しくするのは当たり前だ。なぜ感謝しなくちゃいけないの」と思います。「親が子を育てるのは当然」という気持ちからは、感謝の念は生まれません。

子を育てることで親も勉強させてもらっているという感謝の気持ちを持った時、子供も「育ててもらっている。自分も物事を学んでいかなければ」という感謝の気持ちを持つことができるのです。

ぶつかり合いを恐れない

子供は、初めて「子の役割」をしています。親も同様に初めて「親の役割」をしています。初めて同士が、ぶつかり合い、失敗することは当たり前のことです。

人は成長する時、前にいる人とぶつかります。壁にぶつかるようなものです。しかし子供がぶつかってきたときに、親が逃げてしまうと、子供は何も学べなくなります。

ぶつかるにはエネルギーを使います。イヤで怖いことかも知れません。親として間違ったことを教えてしまわないかと恐れ、つい逃げてしまいたいと思うこともあるでしょう。しかし教育は間違いから始まるのです。試行錯誤の連続です。

子供が成長しようとして、ぶつかってきたのなら、それをきっかけに親として成長するために、すなおに、失敗を恐れずぶつかっていけばいいのです。ぶつかることで、子は親の本気を学び、親は子の本気を学ぶのです。

教育はぶつかり合いです。いい話をして説得し、きれいごとを並べるだけでは人間を教育することはできません。子供はぶつかり合いを求めています。精神的な成長をして大人になろうとしているのです。

教育とは励ますこと

大人も子供もいったん外に出ると思い通りに行かないことがたくさんあります。子供は思い通りにいかないと、そこで立ち止まり、いったん戻ってきます。その時、戻ってきた子供に、もう一度チャレンジしてみようという「やる気」を起こさせる。それが親の役割だと思います。

最初からすべてうまくいくようにすることは不可能です。むしろ世の中、自分の思い通りにいかないことばかりです。子供にうまくいく方法だけをおしえても、実際にはうまくいきません。うまくいかなかった時に、どう出直すか、どうチャレンジするか。それを教えることが教育の大切な部分だと思います。

初めてのことには怖いもの知らずで、みんなチャレンジできます。ところが失敗すると「もうダメだ」と思ってしまいがちです。そこで「なにクソ」と言いながら、もう一度チャレンジする精神を身につけさせること。テストで悪い点をとったからといって「お前は頭が悪い」と決め付けると自信を失ってしまいます。

子供を信じて心から励ますこと。失敗に負けないチャレンジ精神を養うことが何より大切なことではないでしょうか。

付1　吉田松陰語録

吉田松陰の言葉

吉田松陰は、文政十三（一八三〇）年八月四日に生まれ、安政六（一八五九）年、安政の大獄に連座、江戸に送られて十月二十七日、伝《でん》馬《ま》町《ちょう》牢屋敷で斬首刑に処されました。彼が生きていたのは二十九年という短い期間です。

今日、彼の「言葉」がさまざまな形で伝えられています。その一つひとつは、私たちに「松陰」の想いを伝えてくれます。

子供の成長を図る教育事業に携わる私は、時々この言葉を読み返します。子供の教育に対する想いを今の私は裏切っていないだろうか、という反省の思いを込めたり、また、うまくいかない時に初心に帰ろうという思いで、言葉に向かう時もあります。

語録　教育編

学は人たる所以《ゆえん》を学ぶなり。塾係《か》くるに村名を以てす　（『松下村塾記』より）

学問とは、人間はいかにあるべきか、いかに生きるべきかを学ぶことである。これを学ぶ塾の名前に村名をあてた。

地を離れて人なく、人を離れて事なし、故に人事を論ぜんと欲せば、先ず地理を観よ。（金子重輔「学問を為す方」への返答）

人はそれぞれの土地によって育てられ、その土地の暮らしはそこに暮らす人々によってくり広げられる。だから、人間社会の暮らしや出来事を論じようと思えば、まずその地域の状態を念入りに見きわめなければいけない。

冊子を披繙《ひはん》せば、嘉言《かげん》林の如く、躍々《やくやく》として人に迫る。（『士規七則』より）

書物をひもとけば、心にひびく言葉が林のように連なっており、人の心に生き生きと迫ってくるのである。

道の精なると精ならざると、業の成ると成らざるとは、志の立つと立たざるとに在るのみ。故に士たる者は其の志を立てざるべからず。

（『松村文を送る序』より）

どんな事をするにも自分がしっかりとした志《こころざし》（どんな人間になりたいかとい

う目標）を持つことが大事だ。

凡そ人の子のかしこきもおろかなるもよきもあしきも、大てい父母のをしへに依る事なり。（「妹・千代宛て書簡」より）

子供には、賢い子もおろかな子も、またよい子もそうでない子もいるが、それは父や母の育て方によるところが大きいのである。

心はもと活きたり、活きたるものには必ず機あり、機なるものは触《しょく》に従ひて発し、感に遇《あ》ひて動く。発動の機は周遊の益なり。（『西遊日記』序文より）

心はもともと生き生きしたもので、必ず動き出すきっかけがある。そのきっかけは何かに触発されて生まれ、感動することによって動き始める。旅はそのきっかけを与えてくれる。

志を立てて以て万事の源と為す。

（『士規七則』より）

すべての実践は志を立てることから始まる。

人賢愚ありと雖《いえど》も、各々《おのおの》一、二の才能なきはなし、湊合《そうごう》して大成する時は必ず全備する所あらん。是れ亦年来《ねんらい》を閲《えつ》して実験する所なり。人物を棄遺《きい》せざるの要術、是れより外《ほか》復《ま》たあることなし。

（『福堂策 上』より）

人間には賢愚の違いはあるが、どんな人間でも一つや二つのすぐれた才能を持っているものである。全力を傾けて一人ひとりの特性を大切に育てていくならば、その人なりのもち味を持った一人前の人間になることができる。今まで多くの人と接してきて、これこそが人を大切にする要術であると確信した。

道は則ち高し、美し。約なり、近なり。人徒らに其の高く且つ美しきを見て以て及ぶべからずと為し、而《しか》も其の約にして且つ近く、甚だ親しむべきを知らざるなり。

（『講孟余話』序より）

人の歩むべき道は、気高く美しい。そしてまた、簡単で身近なものである。しかし人は、道の気高さと美しさだけを見て、とても及びがたいと思い込み、道が簡単で身近な、親しみやすいものであるということを知らないのである。

経書《けいしょ》を読むの第一義は、聖賢に阿《おもね》らぬこと要なり。若《も》し少しにても阿る所あれば道明らかならず、学ぶとも益なくして害あり。（『講孟余話』「孟子序説」より）

経書（四書五経など）を読むに当たって最も大切なことは、聖人賢人にこびへつらわないことである。少しでも聖賢にこびへつらう気持ちがあれば、経書を鵜呑みにし、道を自分なりにきわめることができないだけでなく、学んでも益がないばかりか害さえも生じる。

学問の大禁忌《きんき》は作輟《さくてつ》なり。

（『講孟余話』「公孫丑上」より）

学ぶために決してしてはならないことは、やったりやらなかったりすることである。

師道を興さんとならば、妄《みだ》りに人の師となるべからず、又妄りに人を師とすべからず。必ず真に教うべきことありて師となり、真に学ぶべきことありて師とすべし。

（『講孟余話』「滕文公上」より）

師弟のあるべき道を求めるならば、安易に師となるべきではなく、安易に弟子となるべきではない。必ず本当に教えるべきことがあって師となり、本当に学びたいことがあって師につくべきである。

初一念《しょいちねん》名利の為に初めたる学問は、進めば進む程其の弊著《へいあら》われ、博学宏詞《こうし》を以て是を粉飾すと云えども、遂に是れを掩《おお》うこと能わず。大事に臨み進退拠《よりどころ》を失い、節義を欠き勢利に屈し、醜態云うに忍びざるに至る。

（『講孟余話』「滕文公下」より）

初志を名誉や利益で始めた学問は、進めば進むほど、その弊害がはっきり現れる。どんなに広い知識や、多くの言葉で飾ったとしても、この弊害をかくし通すことはできない。そして大事に臨んだ時、自分の判断力を失い、節義を欠き、権力や利益に屈して、人間としてこの上なく見苦しいことになる。

知は行《こう》の本《もと》なり。行は知の実《じつ》たり。

（『講孟余話』「離婁《りろう》上」より）

知識は行動の本《もと》である。正しい行動は深い知識や理解によって実現するものである。

凡そ学をなすの要は己《おの》が為にするあり。己が為にするは君子の学なり。人の為にするは小人の学なり。

（『講孟余話』「離婁 上」より）

学問をする上で大切なことは、自分を磨き自分を高めることにある。自分のためにする学問は、しっかりした人間を志す人の学である。人にほめられるためにする学問は、とるに足らない人の学である。

万巻の書を読むに非ざるよりは、寧《いづく》んぞ千秋《せんしゅう》の人たるを得ん。一己《いっこ》の労を軽んずるに非ざるよりは、寧んぞ兆民の安きを致すを得ん。

（「松下村塾聯《れん》」より）

たくさんの本を読んで人間としての生き方を学ばない限り、後世に名を残せるような人になることはできない。自分がやるべきことに努力を惜しむようでは、世の中の役に立つ人になることはできない。

一月《ひとつき》にして能《よ》くせずんば、則ち両月にして之れを為さん。両月にして能くせずんば、則ち百日にして之れを為さん。之れを為して成らずんば、輟《や》めざるなり。

（『丁巳幽室文稿』「諸生に示す」より）

一カ月でやり遂げることができないならば、二カ月かけてやればよい。二カ月でできなければ、百日かけてやればよい。できないからといって決して途中で投げ出さないことだ。

学の功たる、気類先《ま》ず接し義理従って融《とお》る。

（『戊午幽室文稿』「諸生に示す」より）

共に学んで力をつけるには、まずお互いの心が通じあうようにすることが大切である。そうすれば自然に人間として励むべきことと歩むべき道が分かるようになる。

学問は須《すべか》らく己が真骨頭《しんこつとう》を求得し、然《しか》る後工夫を著《つ》くべし。

（『己未文稿』「思父を詰る」より）

学問をするには、自分の特質をしっかり見きわめ、それを生かし育てることが大切である。それをふまえて、何をどう学ぶかを工夫すべきである。

読書最も能く人を移す。畏《おそ》るべきかな書や。

（野村靖への手紙より）

読書は、人間を大きく変える力があるものだ。本の力は偉大である。

身皇国《こうこく》に生まれて、皇国の皇国たるを知らずんば、何を以て天地に立たん。

（『睡餘事録』より）

日本に生まれた日本人として、この国の風土や歴史の独自性を知らないで、どうして日本人として力強く生きていけるだろうか。

語録　人生編

士の行《おこない》は質実、欺かざるを以て要と為し、巧詐《こうさ》、過ちを文《かざ》るを以て恥と為す。光明正大、皆是れより出づ。

（『士規七則』より）

人の行いは誠実で、自分の心に嘘をつかないことが大切である。うまくごまかしたり、失敗を取りつくろったりすることを恥とするものである。これが公明正大の出発点である。

天下に機あり、務《む》あり。機を知らざれば務を知ること能わず。時務を知らざるは俊傑《しゅんけつ》に非ず。

（『獄舎問答』より）

この世の中に生じる出来事ごとに対処するには、適切な機会があり、それに応じた務めがある。適切な機会が分からなければ、時局に応じた務めも知ることができない。それぞれの場に応じてなすべき仕事ができないようでは、才徳のすぐれた人とはいえないのである。

余寧《むし》ろ人を信じるに失するとも、誓って人を疑うに失することなからんことを欲す。

（『講孟余話』「公孫丑 下」より）

私は、人を信じて失敗することがあっても、決して人を疑って失敗することはないようにしたい。

朋友《ほうゆう》相交わるは善道を以て忠告すること固《もと》よりなり。

（『講孟余話』「公孫丑 下」より）

友人同士であれば、お互いにまごころをもって忠告し、善に導きあうことは、当然のことである。

仁《じん》とは人なり。人に非ざれば仁なし、禽獣《きんじゅう》是れなり。仁なければ人に非ず、禽獣に近き是なり。必ずや仁と人と相合するを待ちて道と云うべし。

（『講孟余話』「尽心下」より）

仁とは人間にそなわった人を思いやる心である。鳥や獣には仁がない。仁がなければ人間ではなく、鳥や獣に近いものになってしまう。従って、仁がそなわった人間としての行動こそが人の道ということができる。

事を論ずるには、当《まさ》に己れの地、己れの身より見《けん》を起すべし、乃《すなわ》ち着実となす。

（「久坂生の文を評す」より）

天下国家のことを論じるには、当然自分が暮らしている場所と、自分の立場から考え始めるべきである。それが着実な進め方である。

（宇都宮黙霖への手紙より）

一誠《いっせい》、兆人を感ぜしむ。

命をかけて貫くまごころは、限りなく多くの人々を感動させる。

（『武教全書講録』より）

浩然《こうぜん》の気を養うは、平旦《へいたん》の気を養うより始まる。

人に浩然の気がなければ、どんなに才能や知識があっても何の役にも立たない。浩然の気は、大敵を恐れず小敵をあなどらず、安逸に溺れず、断固として励むことができる気力である。それを養うためには、清らかですがすがしく、世俗のわずらわしさにとらわれない気持ちである、平旦の気を養わなければならない。そのためには、一日一日志に向かって、やるべきことを積み重ねることである。

体は私《わたくし》なり、心は公《おおやけ》なり。私を役《えき》して公に殉《したが》う者を大人《たいじん》と為し、公を役して私に殉う者を小人《しょうじん》と為す。

(『丙辰幽室文稿』「七生説」より)

体は〝私〟で、個別的なものであり、心は〝公〟で、普遍的なものでなければならない。〝私〟の肉体を使って、身をかえりみずに〝公〟のために役立てる者は、立派な人であり、公である心を私の欲望のために満足させることに使おうとする者は、徳のない、とるに足らない人である。

抑々《そもそも》人の最も重しとする所のものは、君臣の義なり。国の最も大なりとする所のものは、華夷《かい》の弁なり。

(『松下村塾記』より)

人として最も大切にすべきことは、忠と孝の道である。国として最も大切にすべきことは、日本の文化の独自性を自覚することである。

天地の大徳、君父の至恩。徳に報ゆるに誠を以てし、恩に復するに身を以てす。此の日再びし難《かた》く、此の生復《ふたた》びし難し。此の事終えずんば、此の身息《や》まず。

（『丙辰幽室文稿』「人に与う」二篇より）

天地にはすべてのものを生き生きと育てる大きな徳があり、君主と父母にはこの上もない深い恩愛がある。天地の徳に報いるには、まごころをもって尽くすべきであり、君主と父母の深い恩愛には、全力を尽くして報いるべきである。今日という日は再びめぐってこず、この一生も二度はない。これを成しとげなければ、この身を終えることはできない。

書は古《いにしえ》なり、為《しわざ》は今なり。今と古と同じからず。為と書と何ぞ能く一々相符《あいふ》せん。

（『戊午幽室文稿』「諸生に示す」より）

本に書かれていることは昔のことで、実践は今の行為である。今の出来事と本に書かれていることは同じではない。本の通りに実践しても無益である。

平時喋々《ちょうちょう》たるは事に臨んで必ず唖《あ》。平時炎々《えんえん》たるは事に臨んで必ず滅す。

（中谷正亮・久坂玄瑞・高杉晋作等への手紙より）

日ごろよく喋る人は、いざという時には、必ず黙ってしまう。また日ごろさかんに気勢をあげる人は、いざという時には、必ず意気消沈してしまう。日ごろ大言壮語し、いたずらに気勢をあげる人は頼りにならない。

人間僅か五十年、人生七十古来希《こらいまれ》、何か腹のいえる様な事を遣《や》って死なねば成仏はできぬぞ。

（品川弥二郎への手紙より）

人間の命は僅か五十年といわれている。人生七十年生きる人は昔からまれである。何か人間としてしっかり生きた証を残さなくては、満足して死ぬことはできない。

死は好むべきにも非ず、亦悪《またにく》むべきにも非ず、道尽き心安んずる、便《すなわ》ち是れ死所。

（高杉晋作への手紙より）

死はむやみに求めたり避けたりするものではない。人間として恥ずかしくない生き方をすれば、まどわされることなくいつでも死を受け入れることができる。

死して不朽《ふきゅう》の見込みあらばいつでも死ぬべし。生きて大業の見込みあらばいつでも生くべし。

（高杉晋作への手紙より）

死ぬことによって志が達成できるならば、いつ死んでも良い。生きていることで大業の見込みがあれば、生きて成しとげれば良い。

義卿《ぎけい》三十、四時《しいじ》己《すで》に備わる、亦《また》秀で亦実る、其の秕《しいな》たると其の粟《ぞく》たると吾が知る所に非ず。若《も》し同志の士其の微衷を憐れみ継紹《けいしょう》の人あらば、乃《すなわ》ち後来の種子未だ絶えず、自《おのずか》ら禾稼《かか》の有年に恥じざるなり。同志其れ是れを考思せよ。

（『留魂録』第八節より）

私（義卿は松陰のあざな）は三十歳であるが、一年に四季があるように人生の四季はすっかり備わっている。実りの時を迎えているが、それらが殻ばかりで実のないもみであるか、よく実ったもみであるか、私には分からない。しかし、もしも私のまごころに賛同し、尊皇攘夷《そんのうじょうい》の志を受け継ぐ人があるならばその志は滅びることなく、私自身の人生が実りあるものであったと誇らしく思うことができる。同志よ、この事をよく考えてくれ。

付2　「ショウイン式」学習塾々長の声

ショウイン式学習塾塾長の声1

塾　名：粕屋松陰塾
塾　長：河野雅史
開校年月：二〇一四年五月
住所　八一一－二三〇七
　福岡県糟屋郡粕屋町原町二－六－一　グレイス松浦1F
電話　〇九二（六九二）七四四三

■ショウインで開業を決めたきっかけは何ですか？

「わかるところまで遡ってわかるまで繰り返す」「アウトプット学習の重要性」「教え込まずに自分で考えさせる」「教育コーチングの活用」など、「ショウイン式」の学習方針が私の教育に対する考え・価値観に百％合致していたからです。

また、初期投資費用も比較的少なくて済むため、その分月謝も低く抑えることができると考えました。そのことでご家庭への経済的負担も軽くでき、且つ理想的な教育を提供できると確信できたという点もポイントでした。

■生徒の様子や保護者の反響はいかがですか？

生徒にとっては学習に取り組みやすく、細かく達成感が得られるので楽しく勉強ができているようです。

大人が思っている以上に子供は「一〇〇点」や「格言」・「称号」・「コイン」にこだわっているのにはびっくりしました。まさに小・中学生にはうってつけのシステムであると再認識させられました。

保護者様も最初は「どういう塾かよくわからない」という状態で体験にこられますが、当塾の学習方法を説明すると皆様納得されています。開校して時間が経つにつれ、口コミでどういう学習方法かを事前にご理解されてこられる保護者様も増えてきました。

■指導にあたって心がけていることはどんなことですか？
教えすぎないことです。自力で考える時間を大切にしつつ、正解を教えるのではなくて的確なヒントを出すことで、その生徒の考えを促すことを常に意識しています。あとは定期テストに対しての学習進捗確認ですが、これはシステムの管理画面にて進捗を即時に把握できるので、その情報を元にテストの日程から逆算して指導に活かしています。そういった学習のペースメーカーになるのも塾長の役割の一つと考えています。

■開業して良かったこと、嬉しかったことは何ですか？

塾生の成績が上がった時です。頑張った塾生をほめた時の嬉しそうな顔をみるのが楽しみです。また、保護者様からも学習の悩みを受けることもあれば、楽しそうに塾に通っていると喜んでお電話をいただいたりと、たくさんのコミュニケーションを取らせていただいております。そういった一つひとつのやりとりも、学習塾を運営しているやりがいをダイレクトに感じることができて、とても嬉しく思います。

■今後どんな塾にしていきたいですか？
（将来の夢など）

まずはこの塾を地域になくてはならない存在まで育てることです。具体的には全学年満席予約待ちの状況にすることです。こちらからアプローチせずとも兄弟姉妹やご紹介で入塾いただけるようになれば、私の中では「なくてはならない存在」と自信を持って言えると考えています。

さらに他の教室も立ち上げてショウイン式の学習を広げていくことで、地域の教育により貢献できる学習塾にしていきたいです。

■これから開業する方へのメッセージをお聞かせください。

学習塾の経営というのは日々勉強でとても奥深く、悩むことも多々ありますが、その分やりがいはとても大きいと感じています。私も開業する際は不安なこともたくさんありましたが、やると覚悟を決めて進んでいくとたくさんの人が支えてくれました。特に本部での研修では学ぶことがたくさんあり、今の塾の運営においての礎になっています。

最初の一歩さえ踏み出せば、あとは自分のやる気次第でいくらでも前に進んでいけるんだと実感しています。

ショウイン式学習塾塾長の声２

塾　名：名古屋松陰塾天白原校
塾　長：伊藤勇祐

開校年月：二〇一四年六月
住所：四六八－〇〇一五
愛知県名古屋市天白区五丁目一〇五番地
電話：〇五二（八七五）三九六三

■ショウインで開業を決めたきっかけは何ですか？

ショウインの「革命的なビジネスモデル」です。学習カリキュラム組成や学習進捗管理など、塾運営において最も手間がかかる管理業務が全て自動化されています。これにより管理業務ゼロが実現し、塾長一人で五十名以上の生徒の「学習指導」と、新規塾生獲得の「営業活動」に専念することができます。

さらに責任者一人で教室運営ができるため、アルバイト講師を雇う必要がありません。人件費ゼロ、求人費ゼロ、さらに悩みの種であるアルバイト講師のシフト管理業務が要らない塾運営が可能です。

■生徒の様子や保護者の反響はいかがですか？

生徒達はパソコンを使って勉強できることが楽しいようで、どんどんショウインで勉強を進めています。

学校の宿題も自習時間を使って全て終わらせて帰宅させますので、多くのお母様から「勉強しなさい！　と家で叱ることがなくなり、とても助かっています」と好評です。

■指導にあたって心がけていることはどんなことですか？

厳しさと楽しさの両立を心がけています。ショウイン式は、徹底したノート学習と徹底した反復学習なので、生徒にとってはとても苦労の多い学習法です。生徒たちとは勉強以外に、趣味や遊びの会話で気分を和ませています。

■開業して良かったこと、嬉しかったことは何ですか？

「先生！　テストできたよ！」と目を輝かせて喜ぶ姿を見ると、それだけでこの仕事を選んで良かったなと思います。人生を賭ける価値のある仕事です。

■今後どんな塾にしていきたいですか？（将来の夢など）

目指すはショウインの由来である吉田松陰の松下村塾です。個性を伸ばし、自立学習能力を身につけてもらいたい。将来、松下村塾のように政財界で活躍する人財を輩出できたら楽しいですね。

■これから開業する方へのメッセージをお聞かせください。

百聞は一見にしかず。福岡のリバレイン本校の見学をお勧めします。私は本校を見学し、自分の目で運営状況を見て開業前の心配や不安の多くが解消されました。名古屋までお越しいただければオーナー側として私のお話を聞いていただいてもかまいません。

日本の教育を共に変えていきましょう。

ショウイン式学習塾塾長の声3

塾　名：鹿児島松陰塾
塾　長：矢野尚久
開校年月：平成二十四年三月
住所：八九二－〇八〇二
鹿児島県鹿児島市清水町七－二〇　1F
電話：〇九九（八〇一）三四一一

■ショウインで開業を決めたきっかけは何ですか？

塾経営を検討しているとき、たまたま紹介されたのがショウインでした。以前から敬愛していた吉田松陰の言葉「学は人たる所以を学ぶなり」を掲げるショウインの教育理念に共感し、即座に開業を決めました。また、多額の開業資金を必要としないことや、コンピュータを使った指導のため、講師などの人件費がかからないことなど、費用面のメリットも開業を決意した理由です。

■生徒の様子や保護者の反響はいかがですか？

生徒は塾に来ると、黙々と学習を始めます。一問ごとに正誤判定され、八十点以上の得点で単元をクリアしていく学習スタイルは、生徒のやる気を高めます。学習後の達成感、充実感は一斉指導や家庭教師による指導では味わえないものだと実感しています。地域にも徐々にショウイン式が広まっているようで、近隣の方々の体験学習の申し込みや口コミでの入塾が増えてきました。

■指導にあたって心がけていることはどんなことですか?

単に学力向上だけでなく、子供の人間的な成長も常に念頭に置いて指導にあたっています。そのために、生徒や保護者とのコミュニケーションを大切にしています。当塾に通う子供たちが塾での学習を通して、人として立派に成長してほしいと願っています。

■開業して良かったこと、嬉しかったことは何ですか?

生徒指導においては、当然思うようにいかないときもありますが、それを克服したときの喜びは大きなものです。生徒たちの「わかった! できた!」を共有できることも喜びの一つです。

夕方、元気な生徒たちが塾にやって来るのを心待ちにしている毎日です。

■今後どんな塾にしていきたいですか？（将来の夢など）

一年前からそろばん塾も併設しました。地域の小さな子供たちから保護者の方々まで、広くかつ親しくお付き合いできる、そんな塾になればと考えています。小さな塾ではありますが、塾経営を通して、地域に少しでも貢献し、存在感（価値）のある塾を目指したいと思います。

■これから開業する方へのメッセージをお聞かせください。

開塾当時から今も、何か問題が起きる度に本部に頼っている私です。田中社長はじめスタッフの皆さんの懇切丁寧なご指導に感謝しています。これから開塾をお考えの皆様、安心してショウインの扉を開けてください。そして、一緒に地域の子供たちのために頑張っていきましょう。

あとがき

最後まで本書をお読みいただきありがとうございます。

学習塾業界に入り三十五年になります。当時を思い出しますと、やっとコピー機が出回り始めたばかりで、手作り教材を生徒の人数分コピーし配布していた時代が懐かしくもあります。パソコンもインターネットもスマホももちろんありませんでした。

もし一〇〇年前の医者がタイムマシンに乗って、現代の病院にやってきたとしたらどうでしょうか？　恐らく道具や治療方法の違いに驚嘆することでしょう。しかし、一〇〇年前の学校で考えてみると、黒板と紙と鉛筆で授業を行うという点は変化していないというのが現実です。

ここにきて文科省は「二〇二〇年までにすべての小中学校の児童・生徒にＰＣ（タブレット）を使わせる」という目標を掲げています。

ようやく教育の歴史も変わろうとしています。学校、塾、家庭学習すべての学習スタイルが変わるとともに子供たちの生活スタイルにも大きな変化が起きることでしょう。この変革期に吉田松陰の教育思想を模した「ショウイン式」が出来上がったことに偶然ではないご縁を感じます。

ショウインは昭和五十五（一九八〇）年創業、個別指導塾の草分けとして誕生しました。しかし、個別指導の限界を知り、ＰＣを利用した学習に切り替え、二〇〇一年に国内初、小中学生五教科を有する本格的なＷｅｂ学習コンテンツを公開しました。日々のブラッシュアップにより、現在十二万問題の国内最大級の学習コンテンツに成長しており、本格的なタブレットＰＣ学習システムも完成させました。現在、全国にショウイン認定校一四〇教場〈平成二十七〈二〇一五〉年八月現在）で「ショウイン式」の指導を実践させていただいております。

一千万人の小中学生がデジタル教科書をもって通学・通塾する時代が目前に

迫っております。
この時代に相応しい「正しい学び方」を世の中に広げることこそ、ショウインのミッションであり志でもあります。

最後になりましたが、本書の編集をお手伝いいただいたライターの光本宜史さん、素敵な表紙デザインに仕上げていただいたデザイナーの上原孝之さん、今回の出版で大変お世話になった海鳥社の西俊明社長、そして何よりも本書を手にしてくださった読者の皆様に心から感謝の言葉を述べさせていただきます。
本当にありがとうございました。

二〇一五年八月二十八日

次世代教育プランナー　田中正徳

【参考文献】

海原徹『吉田松陰と松下村塾』ミネルバ書房
古川薫『吉田松陰』河出文庫
「吉田松陰先生語録」「松陰神社ブログ」

田中正徳（たなか・まさのり）1956年、福岡市に生まれる。「ショウイン式」学習システム創始者。次世代教育プランナーとして教育コラムなどを執筆。ネット学習システムの開発プロデュース多数。株式会社ショウイン代表取締役、一般社団法人日本漢字習熟度検定協会理事長。福岡県無形文化財一軒朝法竹保存会副会長。著書に『チャイルド・スタディーコーチング』（弘文堂）がある。

小中学生が通う・現代版

松下村塾のつくりかた

■

2015年9月25日　第1刷発行

■

著　　者　田中正徳

編　　集　光本宜史

カバーデザイン　上原孝之

発行者　西　俊明

発行所　有限会社海鳥社

〒812-0023　福岡市博多区奈良屋町13番4号

電話092（272）0120　FAX092（272）0121

http://www.kaichosha-f.co.jp

印刷・製本　大村印刷株式株式会社

［定価は表紙カバーに表示］

ISBN978-4-87415-959-0